命か経済か

COVID-19と政府の役割

岩崎正洋
［編著］

勁草書房

keiso shobo

はしがき

今でこそ、まわりの誰かが新型コロナウイルス感染症（COVID-19）に罹患したとしても、さほど驚かなくなったと思う。いつ、どこで、どのようにCOVID-19に感染したのかが判別できず、体調不良を感じることによって感染が判明するケースもみられる。大学において、風邪をひいたので授業を欠席するという連絡は、これまで日常的に耳にしたり目にしたりしたが、今では同様に、COVID-19に感染したので授業を欠席するという連絡が普通のこととなった。感染は今や驚くことではなく、風邪をひいたのと同程度にありふれたことになってきたようである。

2020年に感染が拡大し始めていた頃と比べると、隔世の感がある。当時は、感染したという事実が、あたかも「事件」であるかのような様相を帯びていたため、感染者は感染した事実を伏せなければならなかったり、まわりは徹底して感染者が誰であるかを伏せることにより、不要な差別が生じないようにしたりしなければならなかった。大学でも、家族に感染者が出た学生や、学生自身の感染などについて、特段の配慮が必要とされていたように思う。

わずか二年か二年半に満たない間のことでありながら、これほどまでに我々の感覚も捉え方も、過ごし方も変わることになろうとは、日本での感染が広がり始めた2020年の春先には思いもしなかった。本書の刊行は、それから約三年が経過した時期となる。本書においては、必要に応じて2022年までの状況に言及しているが、主に2020年から2021年までの期間に注目し、世界が同時に経験したCOVID-19パンデミックを、政治学、比較政治学、行政学、国際政治学、経済学、経営学など、多様な学問分野の専門家がどのように捉えたのかについてまとめている。

現在では、多くの人びとが複数回にわたりワクチンを接種している。この間におけるワクチンの開発や普及、ブースター接種の広がりにより、それ以前と比べると、感染率、重症化率、死亡率に変化が生じているとともに、目にみえないウイルスの脅威に対する人びとの意識や行動にも変化が生じているし、各国の対応にも変化が生じている。本書が主に注目している時期は、ワクチン接種が広まりつつある頃であり、それだからこそみえてくるCOVID-19パンデミックの本質的な部分や、今だからこそ客観的にみることができる部分が存在する。

あえて本書が対象期間を限定するのは、COVID-19の感染が今もなお進行中であり、感染拡大の波がいつ生じてもおかしくはない状況にあるからである。現在進行中の出来事を取り扱うことは、知的刺激に満ちているとはいえ、限られた情報にもとづくため、早計な判断となり、ときには不適切な結論を導き出すことにつながりかねない。それにもかかわらず、本書を刊行することとしたのは、2020年の感染拡大の第一波からしばらくの間の観察結果をまとめることは今しかできないことであり、それなりの意義があると考えたからである。

今からふり返れば、感染拡大の比較的に早い時期にはワクチンが存在せず、人類が未知のウイルスにどのように対峙すべきかという問題に直面していた。国や地域ごとにさまざまな解決策が模索され、実に多くの取り組みがなされた。いかにCOVID-19の感染から身を守るのかという問題には、感染しないためにはどうしたらいいのかという予防の問題だけでなく、感染したらどうしたらいいのかという治療の問題も含まれる。それだけなら、命を守ることが何よりも優先されるべきこととなる。実際には、人びとの生活を支える経済の問題も避けて通ることはできず、命か経済か、いずれが優先されるべきかという問題がもたらされる。

本書は、タイトルにも示されているように、COVID-19パンデミックにおいて我々が直面した「命か経済か」という選択にかかわる問題を取り扱っている。世界的にワクチン接種が普及した後、命か経済かという二者択一の色彩は弱まったが、いまだに解決されたとはいえない。現在では、ゼロ・コロナ（zero corona）を目指すのか、それともウイズ・コロナ（with corona）を目指すのかという二つの大きな方向性と「命か経済か」という二者択一とが重なってきている。

ゼロ・コロナのためには、感染拡大を徹底的に抑えるために、ロックダウンや人びとの行動制限を行う必要がある。その結果として感染者が減り、ゼロ・コロナが実現すれば、ロックダウンなどにともなう経済的損失よりも、命を優先することができる。それに対して、ウイズ・コロナは、経済を守ることを重視する。今日においては、2020年以前のビフォアー・コロナの頃と異なり、「命か経済か」の二者択一ではなく、それらの両立を目指すことにより、コロナ禍の「ニューノーマル」な日々を送らなければならない。

本書は当初、他の国々や日本国内の事例を盛り込むように企図されていたが、諸般の事情により、いくつかの論考を入れることができなかった。それらを欠いたとはいえ、本書を通読すれば明らかなように、各章はいずれも読み応えのあるものばかりであり、専門家に対してはもちろん、学生や一般の読者にとっても、多くの示唆を与え得る内容になっている。

本書の取りまとめを行いながら、海外の事例から何を学ぶのか、世界各国の事例との共通点や相違点を通してみえてくる日本の問題点だけでなく、日本なりの良さがあるとしたら何かという点を考えている。また、国レベルか地方レベルかを問わず、世界中で一斉に経験した未曽有の感染拡大をいかに捉えるのか、それをいかに記録して残すのか、我々はそこから何を導き出すのかという点も考えなければならない。

本書は、日本大学法学部政経研究所の「COVID-19と社会の変容」という共同研究プロジェクトがもととなっている。同プロジェクトは現在も進行中である。本書を通じて得られた知見を次の成果へと結びつけていくことが我々の次なる課題である。本書の刊行にあたり、日本大学法学部と、小田司学部長をはじめとする教職員各位のご厚情に対して心より謝意を表したい。本書の編集もまた勁草書房の永田悠一氏にご尽力いただいた。永田氏にも改めて謝意を表したい。

2022年11月22日　プロジェクトを代表して

岩崎正洋

目　次

第二部　日本国内の状況

第一部　世界の状況

第 1 章
コロナ禍のドイツ
――危機管理における政治的リーダーシップ

西岡　晋

1. 序　論

この原稿を執筆している 2022 年 10 月の段階で、新型コロナウイルス感染症は今なお終息の気配を見せていない。100 年に一度ともいわれるこの災厄は、私たちの生命を脅かし、生活や経済を麻痺させ、何よりも人と人との結びつき、出会いや語らいの場を奪ってきた。2019 年末に中国・武漢から広まったコロナ感染は翌年にはパンデミックに至り、それからすでに 3 年近くもの月日が経過している。「危機（crisis）」と呼ばれるものには多種多様な現象が含まれるが、空間的な広がり、時間的な長さ、人命への影響、社会的・経済的な打撃の深刻さにおいて、最大級の「巨大危機（mega-crisis）」であることは疑い得ない（Boin et al. 2021）。

WHO（世界保健機関）が新型コロナのパンデミックを宣言した 2020 年 3 月、筆者は日本ではなく海外にいた。場所はドイツ、その首都のベルリンである。2019 年 9 月から 2 年間の予定で在外研究期間を過ごすためだ。期待と不安を胸に秘めながらの、人生で初めての海外生活であったが、よもやパンデミック下での暮らしを余儀なくされるとは思いもよらなかった。結局、21 年 9 月に帰国するまでのあいだ、ドイツ滞在中 4 分の 3 の時期がコロナ禍にあったことになる。

インターネットで日独のコロナ情報を追うのが日課になっていたが、そうしたなかで、行政や公共政策を研究する者として否応なく目についたのが、両国のコロナ対応の違いである。とりわけ、政治的リーダーシップのあり方には大いに考えさせられるものがあった。軍事的衝突やテロ攻撃といった社会システムの根幹を揺るがすような危機に直面すると、政治的リーダーや政府に対する国民の信頼度が増して国の対応に支持が集まる、いわゆる「旗下結集効果（rally-round-the-flag)」が生じることが知られているが、コロナ・パンデミックに際しては必ずしも同様の効果が一律には生じておらず、国や時期によっても異なるという研究結果がある（Kritzinger et al. 2021)。とくに日本では、「政治的リーダーシップの迷走」（足立・杉谷 2020: 85）ぶりが目につき、政治や政府への失望や憤り、怒りを感じた人も多いことだろう。何よりも、2012年末以来、長期間にわたり政権の維持に成功していた安倍晋三首相が20年春の第一波から半年後には退任に追い込まれ、後を継いだ菅義偉首相もまた1年後、自民党総裁選への出馬を断念せざるを得なかったことは、政府のコロナ対応に対する国民の不信感の強さを証明している。

だが、私がいたドイツでは様子が異なった。コロナ・パンデミックという未曽有の事態を前にして、ドイツの政治的リーダーたちの「迷走」が見られなかったわけではない。しかし、リーダーたるメルケル（Angela Merkel）首相（当時）は比較的冷静に事態に対処し、国民からの評判もおおむね高かった（田口 2021)。誰がその国のリーダーなのか、それによって政府のコロナ対応は異なり、国民の受け止め方も違ったものになる。そのことを痛感させられたのである。

新型コロナへの対応をめぐる、政治的リーダーの決断は人の生死をも左右し、社会的にも経済的にも計り知れないほどの多大な影響を及ぼす。それゆえにこそ、彼らの責任はとてつもなく重い。真の意味でのリーダーの力量が試されるのは、そうした危機のときだ。本章では、コロナ・パンデミックという巨大危機に対してドイツのメルケル首相はどのように対応したのか、2020年春の第一波の時期を対象として、危機管理における政治的リーダーシップという観点から分析する（cf. Ansell et al. 2014; Ansell et al. 2021; Boin et al. 2017; Boin et al. 2021)[1)]。

2. 新型コロナ対策のジレンマと政治的成功

はじめに、ドイツでの新型コロナウイルスの感染状況について、日本との比較を交えながら概観する（表1-1）[2)]。両国の状況を比べると、感染者数・死者数ともにドイツの方が圧倒的に多い。2022年10月1日現在の日本での累積感染者数は2132万9519人、累積死者数は4万5023人であるのに対して、ドイツの累積感染者数は3338万6229人、累積死者数は15万64人にのぼる。日本の人口は約1億2400万人、ドイツは約8300万人と、人口規模はドイツの方が小さいが、にもかかわらず、コロナ感染者数・死者数では日本の数字を大きく上回っている。単純計算では、日本でこれまでにコロナに感染した人（重複も含まれる）が全人口に占める割合は約17%、6人に1人がコロナに感染したことになる。累積の死者数を感染者数で除した致死率でみると0.21%である。コロナ感染者のうち、おおよそ473人に1人の割合で亡くなったことになる。これに対してドイツの場合はどうか。感染者数の人口比は約40%、実に半分近くの人がコロナに感染した計算になる。致死率は0.44%であり、コロナ感染者のうち220人に1人の割合で亡くなっている[3)]。

感染者数と死者数という最も基本的な指標で比較した場合、ドイツは日本よりも対策に失敗し、逆に日本の方が相対的には成功しているといえる[4)]。ところが、政治的な結果という観点からみると、逆の解釈ができる。

政策の成否は一般的に、当該政策の目標達成度や成果によって判断される。しかし、単に政策目標の観点からだけでなく、政策決定や実施上の手続きの側面、さらには選挙での勝敗や政府の評判といった政治的な側面からも政策は評

1)　ドイツのコロナ対策について記した日本語文献はすでに豊富にあるが、2020年春以降の動向も含めた、より包括的な政治分析は近藤2021a、2021bを、コロナ対策を目的にした感染症予防法改正の詳細や法的論点については横田2022を、日独のコロナ対策の比較分析は縣2020、2021をそれぞれ参照されたい。

2)　以下のデータはRitchie et al. 2020による。

3)　日独ともに、オミクロン株の流行後は致死率が低下している。

4)　日本の感染者数は2022年7月以降の第7波の時期に急増したが、それ以前の段階では、ドイツと比べ大幅に少なかった。

表1-1　日独のコロナ感染状況の比較

	日　本	ドイツ
総人口	1億2461万2530人	8340万8554人
累積感染者数	2132万9519人	3338万6229人
人口比	17.1%（5.8人に1人が感染）	40.0%（2.4人に1人が感染）
累積死者数	4万5023人	15万64人
致死率	0.21%（感染者473.7人に1人が死亡）	0.44%（感染者222.4人に1人が死亡）

注：2022年10月1日現在。
出典：Ritchie et al. 2020より作成。

価されうる（McConnell 2010）。ドイツの新型コロナ対策でいえば、感染者数や死者数という政策の成果の点では、日本と比べれば失敗していると解釈できるが[5]、政治の観点から見ると、むしろ成功しているとさえいえる。

図1-1はメルケル首相の仕事振りに対する国民の評価を、図1-2はドイツの各政党に対する支持率を時系列で示したものである。これらの図は、新型コロナの感染拡大を機にメルケル首相や所属政党のCDU（Christlich Demokratische Union Deutschlands：キリスト教民主同盟）の支持率が上昇したことを示している。新型コロナの感染が広がる以前の段階では、2015年の難民危機への対応などをめぐってメルケル首相やCDUが評判を落とし、18年10月にはメルケルがCDU党首の座を退くとともに、21年の首相職の任期切れをもって政界を引退することを表明していた。ところが、20年春のコロナ・パンデミックの到来を境にして評価が上向きに転じる。メルケルへの高評価は連邦議会選挙が行われた21年9月に至るまでほぼ一貫している（図1-1）。CDUへの支持率も、20年2月13日の段階では26%だったのが、3月以降急上昇し5月7日には39%を記録するに至る[6]。図1-2から明らかなように、この時期のCDU支持率は他の政党を大きく引き離している。とはいえ、政府のコロナ対策については不満の声も多く聞かれ、政権やCDUに対して全面的に支持が集まっていた

5）ただし、第一波の段階では、ドイツは他の欧州諸国との比較においては感染拡大を抑制できており、政策成果上も一定程度成功したともとらえられる。
6）より正確には、CDU・CSU（キリスト教社会同盟：Christlich-Soziale Union in Bayern e.V.）に対する支持率である。

図 1-1　メルケル首相の仕事振りに対する評価

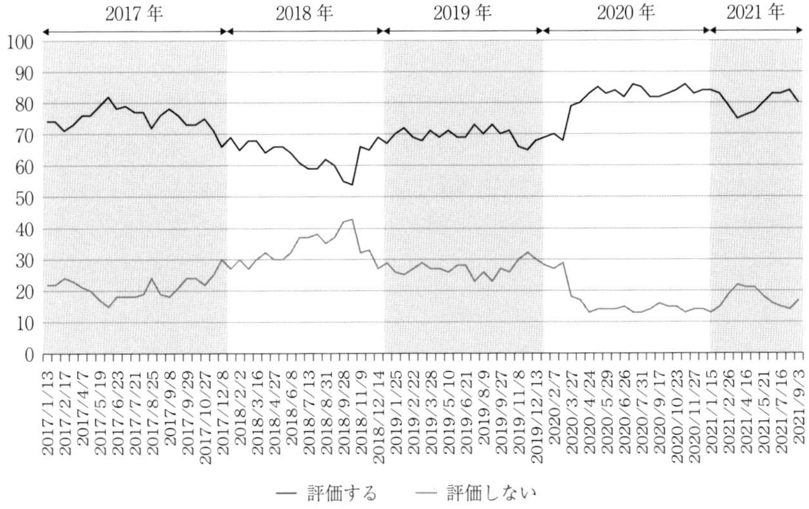

出典：Forschungsgruppe Wahlen　https://www.forschungsgruppe.de/Umfragen/Politbarometer/Langzeitentwicklung_-_Themen_im_Ueberblick/Politik-Archiv_1/Legislatur_2017_-_2021/#ZufReg（2022 年 1 月 24 日閲覧）より作成。

図 1-2　ドイツの政党支持率

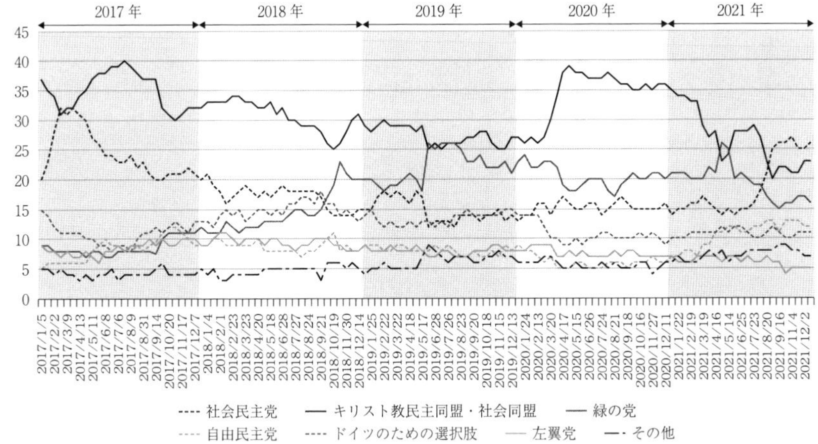

出典：Infratest dimap　https://www.infratest-dimap.de/umfragen-analysen/bundesweit/sonntagsfrage/（2022 年 2 月 10 日閲覧）より作成。

わけではない。とくに21年以降は、ワクチン接種の遅れやロックダウンの長期化などもあり、政府への信頼は低下傾向を示している[7)]。しかしながら、本章が焦点を当てる20年の第一波の時期に、メルケルやCDUへの支持が高まったのも事実である。それでは、その政治的成功は何によってもたらされたのだろうか。本章では、新型コロナの危機管理におけるジレンマを調停・解消することによって、国民からの支持獲得に成功したものと理解する。

通常の政策決定過程でも、利害関係者や国民の多種多様な意見や声があるなかで、「あちらを立てればこちらが立たず」というジレンマの状況が出来することは、珍しいことではない。新型コロナの危機管理の場合においても同様であり、何よりも、本書の主題ともなっている「命か、それとも経済か」という究極の選択が迫られた。コロナの感染を極力防ぐためには、経済や社会生活を一定期間止め、人びとの接触機会を物理的に抑制する以外にはない。しかし、経済活動の停止は失業や所得の喪失、企業経営の悪化といった負の効果をもたらす。まさにジレンマの状況である。その際、政治的リーダーがどのような決断をするのかが決定的に重要である。命を優先するのか、それとも経済なのか、あるいは第三の道を模索するのか、その決断や政策選択が人びとの生命や生活を大きく左右する。ドイツの場合、時期によっても異なるが、2020年春の第一波の段階では感染拡大を抑え、命を守ることを優先するため、厳格な外出規制や商業施設の営業停止措置を伴うロックダウンを敢行した。しかし同時に、企業や労働者、低所得者などを対象に手厚い経済的支援を実施した（近藤2021a: 9-11）。したがって、「命か経済か」というジレンマは、政府の政策や財政支出によってある程度解消することは可能かもしれない。しかし、コロナ対応におけるジレンマはそれだけではない。より深刻なのは、調停がいっそう困難な場合である。

一つには、いつから危機を認識し、対応に真剣に取り組み、とくにロックダウンのような厳しい措置を実行するのか、そのタイミングである。危機対応は早ければ早いほど効果的であるというのは、誰もが想像がつくものの、現実においてはそれを迅速に行うことは難しい。予測が外れ、実際には危機がそれほ

7）　この点は近藤正基先生よりご教示いただいた。ここに記して感謝申し上げたい。

ど深刻でなければ、「オオカミ少年」のごとく、信頼を失う危険性がある。逆に対応が遅すぎれば、非難されるのは必定である。早すぎても遅すぎても、危機管理はうまくいかないのである。

ドイツはロックダウンを行ったが、これはまた別のジレンマを生む。すなわち、「命か、それとも自由か」という問題である。日本では強制的な措置を伴うロックダウンを行わずにこれまできたため、このジレンマはあまり想像しにくいかもしれない。しかし、ロックダウンを実施した欧米各国では「命か自由か」という問題が常に大きな論争の的となってきた。人びとの行動や営業の自由を奪うことになるロックダウンは、欧米社会に定着してきた自由主義的価値観や基本的人権の理念を大きく損ねるものであり、実際に国民からの強い反発もあった。

本章では、これらのジレンマに対して政治的リーダーがどのように向き合い、ジレンマの調停や解消に善処したのかを分析する。その対処法を間違えれば、リーダーへの信頼は失墜し、政治的な成功を収めることはできないだろう。逆に、メルケルの場合はジレンマに適切に対応できたからこそ、国民からの支持調達に成功したものと考えられる。

3. 嵐の前の静けさ？——パンデミック前夜のドイツ

コロナ対応における第一のジレンマは、いつから危機を認識し、対策を本格化させるか、そのタイミングである。ドイツでメルケル首相と連邦政府が前面に出て、コロナ対策を本格化させるようになったのは、おおよその時期でいえば2020年3月に入ってからである。ドイツで初めてコロナ感染者が確認されたのは、日本での初感染確認（20年1月15日）の12日後、1月27日のことである。しかし、この段階では新型コロナへの対応は主として地元の保健当局に任されていた（熊谷2020: 110–111）。連邦制国家であるドイツでは、感染症対策の実施は州政府の所管であることから、通常通り分権的な対応がとられたのである（Kuhlmann and Franzke 2022）。当時はコロナへの危機意識はそれほど高くはなく、ドイツに住んでいた自分にとっても、「遠いアジアの出来事」としてとらえていたのが正直なところだ。

2月の終わりに差し掛かると、イタリアで感染爆発が起きたのを皮切りに、ヨーロッパでもコロナウイルスがこれまで以上の速度で蔓延し始める。ドイツ国内においても感染者が増加傾向を示し、日常生活にも目に見える形で変化が表れはじめた。ドイツ語で「ハムスター買い（Hamsterkauf）」と呼ばれる買い溜め現象が起き、パスタや小麦粉など保存がきく食品類やトイレットペーパー、消毒液といった衛生用品が品不足となったり、アジア系の人びとに対する差別的な行為や言動が見られるようになり社会問題化したりした。

連邦政府が積極的に対応に乗り出しはじめたのもこの頃からである。2月26日、シュパーン（Jens Spahn）保健相（当時）は州政府の保健当局に対してパンデミックへの準備を整えるよう指示したのに続けて、3月9日にドイツで初めての死者が出ると、すべての大規模イベントの中止を勧告した（Mintrom et al. 2021: 1223）。徐々に危機意識が醸成されつつあったが、決定的に局面が変わったのは3月10日前後である。私が客員研究員として席を置いていたヘルティ大学院（Hertie School）でも、3月11日の午前の段階では、旅行の自粛要請を除いては、通常通り授業を継続するという連絡が学長名で届いた。ところが事態は急転直下する。同じ日、WHO（世界保健機関）が新型コロナウイルスのパンデミックを宣言した。ヘルティ大学院でも、午後になって再び学長名のメールが届き、ベルリン州のガイドラインに従って、大学施設は当面の間閉鎖され、授業や論文審査をすべてオンライン形式に移行することや、学期期間中は毎週複数回開かれていたランチ・セミナー（研究会）などのイベントもすべて中止することが発表された。

メルケル首相のなかでコロナに対する危機意識が確実に形成され、連邦政府主導の下でその対策に取り組むことを決意したのは、おそらくこの時期である。3月11日、メルケルは記者会見を行い、ドイツ国民の大半がコロナに感染する恐れがあると、強い調子で警告を鳴らし、国民に危機感を訴えた[8)]。翌日にはメルケルと16ある各州の首相とがコロナ対策の基本方針を協議する、連

8）　在ドイツ日本国大使館「ドイツにおける新型コロナウイルス対策（感染予防等）（その7）」2020年3月11日〈https://www.de.emb-japan.go.jp/itpr_ja/konsular_coronavirus200311.html〉2022年2月9日閲覧。

図 1-3　自分自身や家族が新型コロナウイルスに感染する恐れ

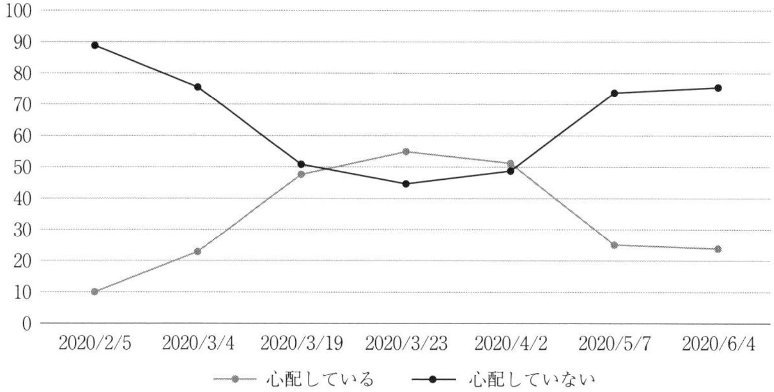

注：「心配している」は「非常に心配している」と「心配している」、「心配していない」は「あまり心配していない」と「心配していない」をそれぞれ合計したもの。

出典：ARD-DeutschlandTREND 2020 各月版〈https://www.tagesschau.de/inland/deutschlandtrend/〉および Tagesschau 2020 年 3 月 19 日付記事〈https://www.tagesschau.de/inland/deutschlandtrend/deutschlandtrend-2143.html〉（2022 年 2 月 18 日閲覧）より作成。

邦・州政府間の首脳会合が初めて開催される（近藤 2021a: 5）。この会合でイベントの中止、学校の休校、企業や従業員への経済支援などについて合意されたのに続いて、16 日の連邦・州政府間の協議を経て日常生活に不可欠なスーパーや銀行、薬局などを除いて、商業施設、飲食店、劇場、美術館などを一時的に休業・閉鎖して人びとの社会的接触を大幅に抑制する「ドイツ版のロックダウン」を実施する方針が固められた（寺迫 2021: 56）。この時期から、ドイツでのコロナ対策は分権的な対応から集権的なそれへと移行し、連邦制国家でありながらも対策における全国的な統一性が志向されるようになる（Kuhlmann and Franzke 2022）。

ドイツの連邦政府、とくにその長であるメルケルのコロナに対する危機意識が確実に芽生えたのは、それほど早くはなかった。しかし、いつ危機を認識するか、そのタイミングも危機管理においては重要である。ドイツでは 1〜2 月の段階では感染爆発が発生しているような状況ではなく、仮にその段階で政治的リーダーが強い危機意識をもったとしても、国民に共有されなかった可能性がある。ましてや、人びとの自由を大きく制限するロックダウンなど、できはしなかっただろう。当時の世論調査によれば、2月の段階では大半のドイツ国民はコロナ感染が自身や家族に及ぶ心配をしていなかった（図1-3）。メルケルがコロナ感染の拡大を国にとっての危機であると認識し、積極的に対応に取り組みはじめたのは、ドイツ国内で最初の死者が出、感染者が急激に増加し始めたというタイミングにおいてであった。3月になって国民の危機意識も急速に高まっていた。これよりも対応が遅ければ、おそらく国民からの信頼を失い、メルケルは窮地に立たされていた可能性がある。メルケルは第一のジレンマを克服することに成功したのである。

4. 舵取りはメルケルの手に——コロナ禍に飲み込まれるドイツ

日独両国におけるコロナ対策の顕著な違いは、人びとの外出や接触に関する規制や商業施設などの営業休止の措置における法的強制性の有無である。権威的強制力を通じた行動変容や違反者に対する法的制裁をほとんど伴わず、あくまでも自粛や要請ベースで「ソフトな規制」を進めてきた日本と比較して、ドイツでは法律、州政令の制定・改正を経たうえで違反者には法的制裁も科されうる「ハードな規制」を実施してきた。ロックダウンを行うことで対人接触の機会を物理的に減らし、感染を防止する戦略を採ったのである。それらは人びとの基本的人権を大きく制約するという意味で、自由主義の原理を根本的に損ねる性質をもつ。「命か、それとも自由か」という深刻なジレンマが生まれる。

ドイツでは2020年3月中旬、初めてのロックダウンが敢行され、社会生活は止まった。にもかかわらず、ロックダウンが開始された直後の3月末に行われた世論調査によれば、連邦政府によるコロナ危機管理について、全体で77％の人が満足していた。一般的には野党支持者は政府の政策に不満を示すことも多いが、コロナ対策については、極右政党のAfD（Alternative für Deutschland：ドイツのための選択肢）支持者は除いて、与野党の政党支持の別なく国民から高い評価を得た（Infratest dimap 2020: 12）。

なぜ、ドイツの人びとは厳しいロックダウンを受け入れたのだろうか。その大きな理由として、ロックダウンに伴う経済的損失を補償するための公的支援策が迅速に講じられた面も大きかったと考えられるが、メルケル首相から発せられたナラティブやそれを通じた危機管理における「意味構築（meaning making)」(Boin et al. 2017; Boin et al. 2021）の巧みさもまた指摘できるだろう。ここでは、ロックダウンに当たり、国民からの理解を求めるため、20 年 3 月 18 日にメルケルが行ったテレビ演説の内容を検討する[9]。このテレビ演説は、政府のコロナ対策を国民が支持する契機の一つになったものと考えられるためである。

3 月 11 日の連邦首相と州首相のトップ会合などを経て、連邦政府と州政府とのあいだでコロナ対処の基本方針を示したガイドラインが合意された後、18 日にメルケルが国民向けのテレビ演説を行う。メルケルがテレビで演説する機会は滅多になく、そのこと自体が事態の切迫さと重大さを表していた。演説は ARD と ZDF というドイツの二大公共放送をはじめとして各局で放送され、全体では 2500 万人以上の国民が視聴したといわれる（Spitz 2020)。終始冷静沈着にコロナへの対処方針と将来の見通しを述べ、国民の理解を求めるとともに連帯の精神を説いたメルケルの演説は国内外で評判を呼んだ（寺迫 2021: 57)。インターネットや SNS 上でも拡散され、日本でも話題になったようである。

言説政治論の知見に依拠すれば、言説やアイディア、ナラティブが広く受容されるためのポイントは大きくは三つある。第一に政策合理性を備えていることである（Schmidt 2008)。政策目標の妥当性、政策手段の有効性や効率性、実現可能性といった政策としての合理性をもっていることが、まずは重要である。メルケルは演説のなかで、治療法やワクチンが未開発であった当時の状況で採りうる唯一の策は、厳格な防疫措置を実施し、人びとが接触する機会を物理的に抑制して感染拡大を防ぐこと以外になく、治療法やワクチンが開発されるまで「時間を稼ぐ」しかないと語っている。加えて、自らの発言はすべて、連邦

---

9)　ドイツ連邦政府ウェブサイト〈https://www.bundesregierung.de/breg-de/themen/coronavirus/ansprache-der-kanzlerin-1732108〉全文（ドイツ語）は同サイト〈https://www.bundesregierung.de/resource/blob/975232/1732182/d4af29ba76f62f61f1320c32d39a7383/fernsehansprache-von-bundeskanzlerin-angela-merkel-data.pdf?download=1〉2022 年 2 月 9 日閲覧。日本語訳はドイツ連邦共和国大使館・総領事館ウェブサイト「新型コロナウイルス感染症対策に関するメルケル首相のテレビ演説（2020 年 3 月 18 日)」〈https://japan.diplo.de/ja-ja/themen/politik/-/2331262〉2022 年 1 月 18 日閲覧、を参照した。

政府の保健医療専門機関であるロベルト・コッホ研究所（Robert Koch-Institut）をはじめとする専門家の知見を踏まえたものであることも述べ、政策が科学的に見て正当性や有効性をもつことを訴えた。

第二に価値適合性である（Schmidt 2008）。政策としての技術的合理性をもっていたとしても、人びとが共有する価値観や規範から逸脱するような言説やアイディアは、受容される可能性が低い。歴史的に形成され定着してきた文化や規範と合致しているからこそ、人びとはその語りに耳を傾け、アイディアを信頼し、受け入れようとする。別の言葉でいえば、ナラティブの「土着化（localization）」に成功するか否かが重要なカギを握る。すなわち、「政策アクターは、自分たちのナラティブや政策目標を既存の信念、価値観、物語とうまく結びつけることができれば、そのナラティブを受け入れてもらえやすくなり、そして自らが望む政策をより容易く実施できるようになる」（Mintrom et al. 2021: 1221）。現代のドイツ社会に定着している自由主義的な理念や価値観にコロナ対策を適合させ、「土着化」を図るには、ナラティブ上の工夫が欠かせない。その点でも、メルケルの演説は巧みだった。厳しい防疫措置は「命を救うためには避けられない」とする一方で、人びとの行動の自由を奪うそうした措置は真に必要かつ不可避なときにのみ、しかも期限を区切って限定的に行われなければならないと訴え、自由主義や民主主義という既存の理念との整合性を見出している。

そして第三が、ナラティブの迫真性や信憑性である（Snow and Benford 1988）。政治的リーダーが自らが実現させ、成功させたい政策について語るとき、そのナラティブに迫真性や信憑性を感得することができなければ、やはり多くの人はそのアイディアを受け入れようとはしないだろう。メルケルの演説では、「こうした制約は、渡航や移動の自由が苦難の末に勝ち取られた権利であるという経験をしてきた私のような人間にとり、絶対的な必要性がなければ正当化し得ないものなのです」と、規制の導入が苦渋の決断であることを強調している。そのナラティブに人びとが信憑性を読み取ったのは、メルケルが旧東独で育ったことを知っているためである。旧東独下で自由を奪われた経験をもつメルケルの当事者性が、ナラティブに真実味と説得力をもたせた。

この１回の演説だけが効果を発揮したわけではないが、新型コロナに関するイギリスのジョンソン（Boris Johnson）首相（当時）とメルケル首相のナラティブとを比較分析した結果によれば、後者のナラティブの方が国民に広く受容され、結果としてコロナ対策を有効に進めることができたという（Mintrom et al. 2021）。ナラティブを通じて政策が正統化され、国民は厳しい規制措置を支持したのである。

5. ロックダウンの敢行——巣ごもり生活の忍従と憩い

メルケル首相がテレビ演説を行った2020年3月中旬から、ドイツでは初めてのロックダウンに入った。第一次ロックダウンはその後1か月余り続いた。ロックダウンとは実際にはどのような措置であり、街の雰囲気はどうであったのか。同様にロックダウン（都市封鎖）という言葉を用いて強力な防疫措置を採った国はさまざまあるが、国によってその内実は異なる。加えて、ドイツは連邦制国家であり、感染症対策の実施権限は州にあるため、規制措置の委細は州によっても多少の違いがある。ここでは筆者が住んでいたベルリンでの経験を交えながら記してみたい[10)]。

ベルリンでは、3月14日、50名以上のイベントの中止、ゲームセンター・映画館・劇場などの娯楽施設、美術館・博物館、スポーツ施設などの営業の停止、病院での面会の原則禁止などが決まり、学校や保育園も17日から休校・休園となった。その後も日をあまり置かずしてイベント開催の原則禁止、持ち帰りや宅配を除く飲食店の営業停止といった追加的措置が次々と決まり、23日に発効された新たなベルリン州政令では、住民は原則として自宅に留まることとされた。仕事、日用品の買い物、医療機関への通院など、一部の例外を除いては外出が禁じられた。外出時にも他人から1.5メートル以上の間隔を空けることとするなど、細かく規定された。スーパー、銀行、薬局といった日常生活に不可欠な店舗を除いて、商業施設が原則として閉鎖され、飲食店も店内で

10） ベルリンにおける一連の措置については、在ドイツ日本国大使館ウェブサイト「ベルリン州政府の防疫対策（過去のお知らせ）」〈https://www.de.emb-japan.go.jp/itpr_ja/konsular_coronavirus2020_Berlin.html〉2022年2月15日閲覧、を参照した。

の飲食が禁止されたために、仕事以外に外出する機会が大幅に減った。職場でもリモート勤務に移行したところも多く、普段は人込みで溢れかえっていた街の通りからは人波が消え、あたり一帯を静寂が襲った。地下鉄は、さながら空気を運ぶただの入れ物と化した。その光景は、まるでSF映画のようであった。

あくまでも自粛の要請をベースにしたソフトな規制措置が採られた日本と違い、ドイツでは法令に基づいて、違反者には法的制裁が加えられうるハードな規制措置が実施された。ベルリンでは、法令に違反して飲食店が営業を行っていた場合には1000～10000ユーロ、正当な理由なく外出した者には10～100ユーロの反則金が科せられるとされた。1ユーロのレートを130円として計算すると、前者では最高130万円、後者では1万3000円に相当する金額である。家から出るだけでも反則金が科せられる可能性があり、この例からしてもドイツのコロナ対策が非常に厳格な行動制限を伴うものであったことがわかる。実際、強制的措置を伴うロックダウンはドイツでの人流を劇的に減少させた。図1-4および1-5はGoogle社提供のデータに基づく人流の変化を示している[11)]。日本での人の流れを見ると、外出する人の数が2月以降緩やかに減少していることがわかる（図1-5）。それに対してドイツの場合は、ロックダウンが敢行された3月中旬以降、急減している（図1-4）。ロックダウンによって外出が大きく抑制され、文字通りの巣ごもり生活となったことが伺える。

とはいえ、まったく外出ができなかったかといえば、そうではない。既述したとおり、スーパーに食品や日用品を買いに行くことはできたし、動物を世話したり屋外で体を動かしたりすることも、外出の「正当な理由」に該当することが州政令によって規定されていたことから、ペットの犬を連れて散歩する人や、近隣の公園で寛ぐ姿はよく見られた。毎週定期的に開かれるマルクト（Markt）と呼ばれる青空市場も一部を除いて営業が継続されたため、多くの人が訪れていた。図1-4でも、4月以降、公園の人出はむしろ増加していることがわかる[12)]。

11)　コロナ・パンデミック直前の2020年1月1月3日～2月6日の各曜日における人流の中央値を基準として、そこからどの程度人出が増減したのか、その変動率を表したものである。

図 1-4　ドイツにおける人流の変化（2020 年）

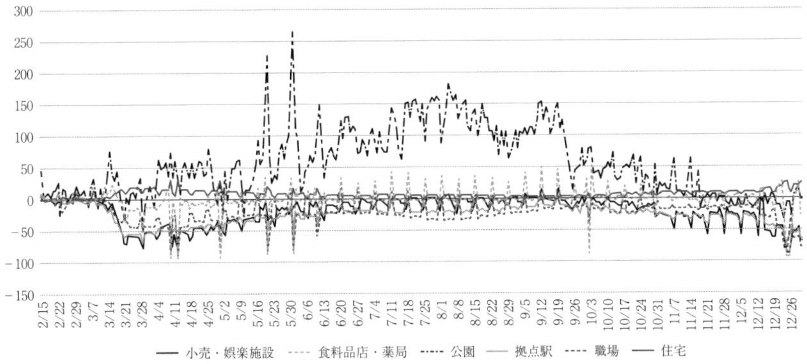

出典：Google（n.d.）Google COVID-19：コミュニティ・モビリティ・レポート https://www.google.com/covid19/mobility/（2022 年 2 月 17 日閲覧）より作成。

図 1-5　日本における人流の変化（2020 年）

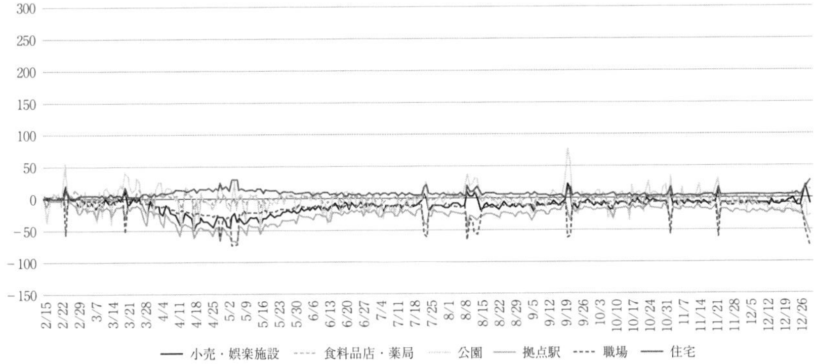

出典：Google（n.d.）Google COVID-19：コミュニティ・モビリティ・レポート https://www.google.com/covid19/mobility/（2022 年 2 月 17 日閲覧）より作成。

12）公園に人が集まった理由として、もともとドイツの人びとは森林浴や散策を好む人が多く、公園や緑地の整備が行き届いていることも大きい。ちなみに、人口 1 人当たりの公園面積は、東京（23 区）が 4.4 m^2 に過ぎないのに対して、同様に首都であるベルリンは 27.9 m^2 と、単純計算で東京の 6 倍以上にも及ぶ（国土交通省 2022: 4）。

ベルリンではロックダウンが奏功したのか、その後感染者数が減少に転じ、1か月ほど経過すると感染状況が落ち着いてきた。4月下旬には一部の規制が緩和され、5月15日には店内での飲食も解禁された。その日が来るのを待ちわびていたかのように、人びとは一斉に街に繰り出し、久々にレストランで味わう食事に舌鼓を打ち、ドイツ・ビールで乾杯した。美容院が営業停止になったため伸び放題になっていた髪を、ようやく切りに行くことも叶った。

2020年春の時期、ドイツではロックダウンを敢行することで、第一波を何とか乗り切ることができた。他の欧州諸国と比べれば、ドイツでの感染拡大は相当程度抑えられ、医療崩壊も免れたことから、成功例として称賛され、結果としてメルケル首相の手腕も高く評価されたのである（熊谷2020：第2章）。

6. 結びに代えて

ドイツの新型コロナ対応は、日本との比較では感染者数・死者数ともに大幅に多く成功しているとは言い難いものの、メルケル首相や政権政党であったCDUに対する国民の支持率は上昇し、政治的には成功したとみなしうる。2020年春の第一波の時点では他の欧州諸国と比べれば、ドイツは感染を抑制することができ、政策目標の達成という面でも一定の成果を上げることができた。

しかし、メルケルによる舵取りが2021年末の退任に至るまで、終始、順風満帆だったというわけではない。第一波を乗り越え、夏の時期には感染状況が落ち着いていたが、そうしたなかで政府のコロナ対策に反対する人びとが結集して反政府運動を展開するようになる。20年8月29日には約3万8000人の参加者を得た大規模デモがベルリンで行われた。一部の参加者が暴徒化し、議会議事堂の敷地内に乱入して警察から排除されるという事態にまで至った。アメリカなどと同様にドイツでもコロナ陰謀論を支持する人びとが一定数おり、極右政党に所属する政治家などともに、メルケルや政府の方針に断固反対する姿勢を示してきた（近藤2021a: 24-28）。

その後、2020年の秋になると、再び感染者が増加傾向を示し始め、11月からは「軽度ロックダウン（Lockdown light）」が実施された（近藤2021a: 23）。

第一次ロックダウンは飲食店、商業・娯楽施設、保育園・学校など、さまざまな施設を網羅する形でその営業停止や休園・休校措置を求めるものだったが、軽度ロックダウンは飲食店を、持ち帰りと宅配以外は営業停止とするものの、その他の施設の多くは従来通りの運営を可能にする施策である。感染予防と経済・社会活動との両立を意図した施策であったが、感染拡大に歯止めがかからず、結局、12月中旬になって、人出が多くなるクリスマス・シーズンを前に、再度、厳格なロックダウンが敢行されるに至る（近藤 2021b: 2-3）。

このように、コロナ対応をめぐるメルケル首相のリーダーシップは、第一波の段階では高い評価を獲得したものの、2020年秋以降になると、対応が後手に回り、国民からの批判を浴びるような場面も増えてきた。21年春のイースター休暇前に政府が発表した規制強化策が国民から強い批判を浴び、首相自らが過ちを認め、すぐさま撤回に追い込まれるという「迷走」も見られた。短期間で危機が終結する場合と比べ、危機が長期に及んだときの政治的舵取りははるかに困難さを増すことを明確に示している。とはいえ、少なくともパンデミック初期段階に見せたメルケル首相の危機管理の巧みさからは、危機下における政治的リーダーシップの在り方を考察するために必要な多くの示唆を得られるのではないだろうか。

付　記

本章の執筆に際して、ドイツ現代政治を専攻されている近藤正基先生に草稿をお読みいただき、数多くの貴重なご助言を頂戴した。この場をお借りして、心より深謝申し上げる。なお、本章は日本学術振興会科学研究費補助金（18KK0358、21K01316）の助成を受けた研究成果の一部である。

参考文献

Ansell, Chris, Arjen Boin, and Paul 't Hart (2014) 'Political Leadership in Times of Crisis,' in R. A. W. Rhodes and Paul 't Hart (eds.) *The Oxford Handbook of Political Leadership*, Oxford: Oxford University Press, pp. 418-433.

Ansell, Christopher, Eva Sørensen, and Jacob Torfing (2021) 'The COVID-19 pandemic as a game changer for public administration and leadership? The need for robust governance responses to turbulent problems,' *Public Management Review*, 23 (7): 949-960.

Boin, Arjen, Allan McConnell, and Paul 't Hart (2021) *Governing the Pandemic: The Politics of*

Navigating a Mega-Crisis, Cham: Palgrave Macmillan.

Boin, Arjen, Paul 't Hart, Eric Stern, and Bengt Sundelius (2017) *The Politics of Crisis Management: Public Leadership under Pressure*, 2nd ed., Cambridge: Cambridge University Press.

Google (n.d.) Google COVID-19：コミュニティ・モビリティ・レポート〈https://www.google.com/covid19/mobility/〉2022年2月17日閲覧。

Infratest dimap (2020) *ARD-DeutschlandTREND April 2020*, https://www.tagesschau.de/inland/deutschlandtrend-2171.pdf 2022年2月18日閲覧。

Kritzinger, Sylvia, Martial Foucault, Romain Lachat, Julia Partheymüller, Carolina Plescia, and Sylvain Brouard (2021) '"Rally round the flag": the COVID-19 crisis and trust in the national government,' *West European Politics*, 44 (5-6): 1205-1231.

Kuhlmann, Sabine, and Jochen Franzke (2022) 'Multi-level responses to COVID-19: crisis coordination in Germany from an intergovernmental perspective,' *Local Government Studies*, 48 (2): 312-334.

McConnell, Allan, (2010) *Understanding Policy Success: Rethinking Public Policy*, Basingstoke: Palgrave Macmillan.

Mintrom, Michael, Maria Rost Rublee, Matteo Bonotti, and Steven T. Zech (2021) 'Policy narratives, localisation, and public justification: responses to COVID-19,' *Journal of European Public Policy*, 28 (8): 1219-1237.

Ritchie, Hannah, Edouard Mathieu, Lucas Rodés-Guirao, Cameron Appel, Charlie Giattino, Esteban Ortiz-Ospina, Joe Hasell, Bobbie Macdonald, Diana Beltekian and Max Roser (2020) 'Coronavirus Pandemic (COVID-19),' published online at OurWorldInData. org. 〈https://ourworldindata.org/coronavirus〉2022年10月7日閲覧。

Schmidt, Vivien A. (2008) 'Discursive Institutionalism: The Explanatory Power of Ideas and Discourse,' *Annual Review of Political Science*, 11: 303-326.

Snow, David A. and Robert D. Benford (1988) 'Ideology, Frame Resonance, and Participant Mobilization,' *International Social Movement Research*, 1: 197-217.

Spitz, von Niklas (2020) 'Quotennews: 25 Millionen Deutsche verfolgen Merkels historische Rede im TV,' 19. März 2020〈https://www.quotenmeter.de/n/116839/25-millionen-deutsche-verfolgen-merkels-historische-rede-im-tv〉2022年2月3日閲覧。

縣公一郎（2020）「感染症対応の日独概括比較――協調性／自律性、そして一元性／多元性の観点から」『季刊行政管理研究』第171号、40-49。

縣公一郎（2021）「感染症対応の日独概括比較・考」『公共政策研究』第21号、2-6頁。

足立幸男・杉谷和哉（2020）「新型コロナ感染症（COVID-19）が公共政策学に突き付けているもの――リーダーシップと専門性を中心に」『公共政策研究』第20号、76-86頁。

熊谷徹（2020）『パンデミックが露わにした「国のかたち」――欧州コロナ150日間の攻防』NHK出版新書。

国土交通省（2022）「都市公園等整備の現況等（令和2年度末）」〈https://www.mlit.go.jp/crd/park/joho/database/t_kouen/pdf/01_R02.pdf〉2022年10月7日閲覧。

近藤正基（2021a）「コロナ危機のドイツ政治（一）――感染症対策、福祉レジーム、政策決定様式」『法学論叢』第189巻第2号、1-30頁。

近藤正基（2021b）「コロナ危機のドイツ政治（二）・完――感染症対策、福祉レジーム、政策決定様式」『法学論叢』第189巻第3号、1-24頁。

田口理穂（2021）「ドイツ　アンゲラ・メルケル首相――コロナ禍で光る賢母の貫禄」栗田路子・プラ

ド夏樹・田口理穂・冨久岡ナヲ・片瀬ケイ・クローディアー真理・田中ティナ『コロナ対策　各国リーダーたちの通信簿』光文社新書、99-139 頁。
寺迫剛（2021）「ドイツ連邦制の制度発展——新型コロナ危機にも耐え抜く連邦と 16 州の協働体制」秋月謙吾・城戸英樹編『政府間関係の多国間比較——中間政府への権限移譲の実態』慈学社、41-66 頁。
横田明美（2022）『コロナ危機と立法・行政——ドイツ感染症予防法の多段改正から』弘文堂。

第２章
英国における COVID-19 に対する経済政策および社会政策の効果
——移譲された合意なのか？

ショーン・ヴィンセント（福森憲一郎 訳）

1. 問題提起

過去８年間、英国の政治と社会には大きな変化が見られた。英国の有権者による欧州連合（EU）からの離脱の決定と、その結果として生じた政治的・社会的分断は、今日に至るまで国民を分かつことになった。スコットランドとウェールズの民族独立主義者や、北アイルランドを再びアイルランドの一部にしようとするアイルランド統一主義者からの圧力は、ウェストミンスターにある英国の中央政府の重荷となっている。世界中の他の地域と同様に、英国もCOVID-19 のパンデミックによる前例のない政治的、経済的、社会的影響に対処しなければならなかった。2022 年５月末時点において、英国では 2200 万人以上が COVID-19 に感染し、約 18 万人が死亡した。英国は、パンデミック初期に、世界中で最も感染率が高く、ほぼ完全な「ロックダウン」の期間に入った最初の国のうちの一つであり、人々は家から出ることが出来ず[1)]、職場に行けず、家族や友人に会うことも出来なかった。愛する人が病院で孤独に死んでいくにつれて、多くの人が無力感に苛まれた。しかし、英国はオックスフォード大学とアストラゼネカ社によるワクチンの開発に成功し、ワクチン接種を

1） 毎週の食料の買い出しと医療上の理由を除く。

開始した最初の国家のうちの一つであった。

危機の2年間の間、英国政府が受け身であったとは言い難い。ロックダウンをはじめとする社会的な制限の命令、ワクチン開発への公的資金の投入、働くことができなくなった人々への賃金の支払い、原則として税金で賄われる財政援助を伴う民間企業への支援など、第二次世界大戦後、これほどまでに著しい英国政府の影響力がみられたときはなかった。本書で検討される重要な課題の一つは、パンデミックの時代が「より大きな」政府をもたらしたのか、その結果が社会政策の形成に対してどのような影響を与えてきており、今後も与えるのかという点である。本章の目的は、英国がパンデミックにどのように取り組み、中央政府とスコットランド、ウェールズ、北アイルランドなど権限が移譲された地域間の関係において[2]、パンデミックが与えた圧力に対して英国がどのように対処したのか、中央と地方の執政府の間で生じた権力力学の変化について説明することである。英国という国家がより大きくなったのか否かという問題は微妙な違いであり、パンデミック期間の政府の行動だけではなく、第二次世界大戦後の政府の拡大傾向を見る必要もある。パンデミック以前から、英国政府が米国や日本などのヨーロッパ以外の先進工業民主主義諸国と比較して、ヨーロッパの大きな国家のモデルにかなり近かったということもできる。本章が示すように、COVID-19 の効果が、より大きく、より強力な中央政府をもたらしたことは明らかである。

2016 年以前は、中央から地方への権限移譲が進む傾向にあった。パンデミックの時代において、この傾向は続いたのか、それとも意図的あるいは必然的に中央政府がその権限を強化したのか。戦後の英国の社会政策は「合意」という考えに基づいており、政治的なあらゆる立場の人びとが後押しする基本的な社会政策を支持した。権限移譲の結果、合意は、ウェストミンスター、ホリルード、カーディフにおけるイデオロギー的に対立する政府によって挑戦を受けることとなった。我々はまた、中央政府の政策が、異なる英国政府間の関係にどのような影響を及ぼし、将来における英国全体の合意という考え方にどのよ

2)　権限が委譲された地域（devolved regions）は、スコットランド、ウェールズ、北アイルランドを指す。本章ではこれ以降、地方政府と表記する。

うな意味をもつのかを問うだろう。

2. 英国の福祉国家の発展

第二次世界大戦以前、英国の福祉制度は分権的なビクトリア型の制度に基づくものであった。17 世紀に制定された当初の救貧法は、病気や高齢で働けない人々への財政支援の責任を「教区（parish）」評議会に委ね、1834 年の救貧法修正法は、福祉国家に関して中央政府の権限と責任を強化した最初の重要な法律の一つであった[3)]。第一次世界大戦中に、何百万人もの英国人が兵役に服し、数十万人もの人々が人生を変えるような怪我を負った。帰国した兵士が大量に失業した「復員」の効果も相まって、英国政府は福祉に大きな責任をもつようになった。1919 年には、現在の保険省が設立され、公衆衛生が初めて中央政府の一部門に組織化された。このような当初の改革にも関わらず、第二次世界大戦が終わるまでは、医療、教育、文化の提供のほとんどは依然として地方レベルで行われ、キリスト教徒と中上位階級の組織が結合した「ボランタリー」セクターの責任のもとにあった（Daunton 1996）。しかしながら、東欧における共産主義の訴求力を恐れたヨーロッパ各地の政府は、より優れた平等を生み出し、疲弊した経済を立て直すための方法として、市民に対して社会福祉を提供する必要性を理解し始めていた。労働党と保守党のどちらも、戦後からサッチャー政権に至るまで、国家介入の強化を支持し、この時期は戦後合意として知られている。

ヨーロッパの多くの国々と同様に、第二次世界大戦後、国家の役割は著しく大きくなった。1945 年の労働党政権は、より優れた平等を公約とし、新しい「ゆりかごから墓場まで（cradle to grave）」の福祉国家の青写真として機能した、1942 年のベヴァリッジ報告書（Beveridge report）で定義された革新的な社会政策を通じて達成しようとした。1944 年教育法（Education Act）のもとでは[4)]、中等教育までのすべての子供に対する無償の教育が初めて導入された。

---

3) 教区評議会は英国において最も下位に位置づけられる地方政府であり、現在でも存在する。

貧困層に対してのみ適用可能であった給付金が国民全体に拡大された。英国経済は「国民」経済へと移行し、鉄道、通信、エネルギー生産などの主要インフラが国有化された。戦後の最も有名かつ革新的な社会政策は、公共サービスを通じた経済的再分配のシステムの構築を目指した1948年の国民保険サービス（National Health Service: NHS）の設立であった（Hicks 2013）。その後の30年間において、歴代の英国政府は中央政府が国家の経済的かつ社会的発展に責任をもつ、ケインズ派の経済政策を採用した。当初はこのような改革に疑問を抱きながらも、保守党は国家の大きな役割が有権者に好意的に受け取られることを認識し、福祉国家についての公約は1955年以降の保守党のマニフェストの一部となった。保守党は労働党が社会民主主義と呼んだものを「中道」と呼び、物価の変動から経済を守るために設計された「大きな」国家と資本主義的企業を組み合わせることができた（Blackburn 2018）。

1979年のサッチャー（Margret Thatcher）の当選によって戦後合意は壊された。戦後の成長期において、ケインズ経済学は英国経済にとって望ましいものであったが、1970年代を通じた経済成長の低下と、労働組合に大きな力を与えるコーポラティズムの組み合わせは、政府が必要とする改革を阻止し、生活水準に深刻な影響を及ぼした。当初、各産業の民営化や所得税の最高税率の大幅な引き下げなどのサッチャーによる改革は、戦後合意を壊すように思われた。しかしながら、サッチャーの改革に対して多くの人びとが激しく反対したが、彼女の政策が国家の規模に影響を与えることはなかった。実際に、サッチャーの民営化改革による失業者の増加によって、1980年代に福祉支出が大幅に増加し（図2-1）、戦後の福祉改革を覆す試みは存在しなかった（Edgerton 2021）。ブレア（Tony Blair）率いる次の労働党政権のもとで、保守党と労働党はともに国内の生産よりもグローバル化した市場に焦点を当てた英国経済を志向しながらも、高度に中央集権的で、比較的に手厚い福祉国家を伴う新たな合意を確立したと主張できるだろう。ブレグジットの国民投票の間においても、最も話題となった政策課題がNHSへの支出であり、離脱を訴える公式のキャンペーンは、欧州連合の離脱によってNHSへの「週ごとの」支出が3億5000万ポ

4）　第二次世界大戦中の保守党が率いる連立政権において成立した。

図 2-1　1950 年以降の英国政府における GDP に占める総支出および福祉支出の割合

出典：UK Public Spending（2022）

図 2-2　1999 年から 2021 年までの中央政府の雇用者数

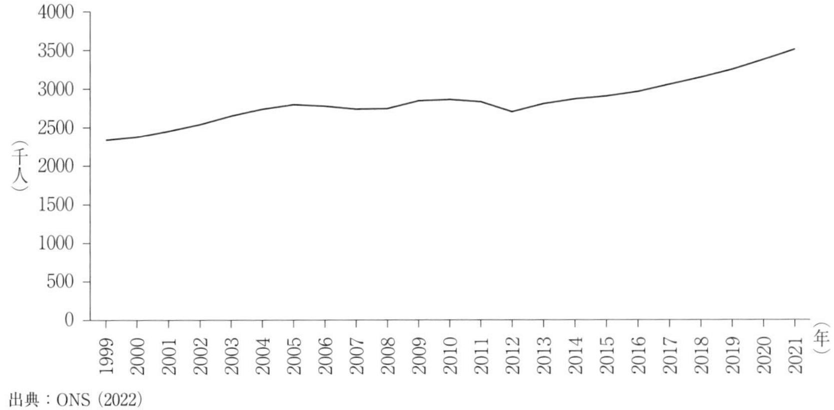

出典：ONS（2022）

ンド増額すると主張していた。キャメロン（David Cameron）とジョンソン（Boris Johnson）はどちらも時折、自らを「一国保守主義者（One Nation Conservatives）」と称することがある。これは 1950 年代の保守党に端を発し、労働党が結党以来掲げてきた社会的平等を保守党の政策につなげようとする考え方である。要約すると、保守党と労働党はどちらも多くの問題に関して立場を変えてきたが、英国政治における国家の役割については依然として合意が存在するということである。政府は教育や医療、福祉国家の維持について責任があるとみなされており、経済が不調に陥ると責任を問われる。それゆえ、COVID-19によって英国国家が「大きくなった」のか否かを評価しようとする場合に、我々は戦後以降、英国国家の役割が具体的に定義され、2020年以前から社会政策（福祉）に対する政府支出と公的部門の雇用の両方の点において、国家の規模が拡大していたことを忘れてはいけない（図2-1と2-2を参照）。COVID-19のパンデミックに対する政府の政策は、中央政府の役割と責任を増大させるばかりである。

3. COVID-19政策と権限移譲

過去25年間、英国の統治において、英国政府から地方政府へ、とりわけスコットランドとウェールズへの継続的な権限の「移譲」という二重の展開があった。1998年のスコットランド法（The Scotland Act）、ウェールズ統治法（The Government of Wales Act）、北アイルランド法（Northern Ireland Act）は、地方政府に対してより大きな自治権を与えるために英国政府によって制定された。それにより、連邦制と同様の権限が自治政府に対して与えられた。2021年現在、スコットランド地域には選挙によって選ばれた政府が存在する。ウェールズと北アイルランドは、保健と教育のサービス、住宅、輸送、経済開発、交通サービスに関する権限を持ち、地方税の引き上げに関する権限も限定的であった。同時に、中央政府は、外交、防衛、移民、国際貿易協定、全国最低賃金に関する支配権を保持している（UK Civil Service 2021）。1998年の権限移譲以降、英国政治の一般的な傾向は、地方政府への中央政府による権限の移行であるが、ブレグジット以前には、これに対する2つの挑戦があった。第一には、ブレグジットそのものであり、イングランドとウェールズでは、国民の過半数が欧州連合の離脱に投票し、スコットランドと北アイルランドの過半数は、残留を選択した。英国の離脱に対しては特にスコットランドで反対が表明され、スコットランド国民党（Scottish National Party: SNP）が移譲された議会の多数派政権として位置し、ブレグジットの問題をめぐるスコットランドの人々と英国政府の間の意見の分裂が、スコットランドの独立に関する再度の住民投票の正当化をもたらしたとの主張が行われていた（Vincent 2021）。第二に、地方政府は継続的に、バーネット方式（Barnett formula）を用いた中央政府による国税を通じた財源に依拠している。バーネット方式とは、医療や教育などの「自治サービス」を提供するために、中央政府から権限が移譲された行政機関に対してどの程度資金が提供されるのか計算を行う。イングランドにおいて公共サービスへの支出が増加した場合、同様の増加分が中央政府から地方政府に対して提供される。その結果として、一人当たりの政府支出は、イングランドよりも地方政府のほうが多くなっている。たとえば、2019 年の北アイルランドの一人当たりの公的支出は、イングランドにおいて 9296 ポンドであったのに対し、11590 ポンドであった（BBC 2020）。COVID-19 のパンデミック以前は、スコットランドの予算の約 3 分の 2 は、中央政府の財源からの資金であった（Learmouth 2021）。その結果、英国内において一定の権限が地域に移譲されたものの、予算調整のため、地域議会は中央政府に頼らざるを得なかった。

COVID-19 のパンデミックにより、中央と地方の予算はどちらも相当圧迫された。地方政府は財政的コストに対処するために、より多くの中央政府の資金を必要とした。2021 年の末までに、英国政府はバーネット資金（Barnet funding）を通じて地方政府に対し、COVID-19 関連の支出として 126 億ポンドを追加で提供した（UK Government 2021）。追加資金の金額交渉と支出に関する責任は、権限が移譲された行政機関の手に単独で委ねられたから、このことは、地方政府において、パンデミック期間における「財政」に関する権限が強化され、資金の使い道を決める柔軟性が与えられたことを意味する（Bell, Eiser, and Phillips 2021）。しかしながら、COVID-19 関連の資金は、地方政府の 2022／2023 年の予算において削減されている。たとえば、スコットランドの予算は、2022／2023 年の会計年度において、合計 52 億ポンドの COVID-19 資金が削減される予定である。バーネット方式によってスコットランドが受け取る金額が増加したとしても、2021／2022 年と比較して 35 億ポンドの不足が生じることとなる（Scottish Government 2021）。地方政府への追加資金は一時的なものであり、中央政府の政策決定に完全に依存している。短期的にみると、権限が移譲された政府は依然としてパンデミックに対処しているにも関わらず、突然の予算削減に対処しなければならない。長期的にみると、権限が移譲された政府は資金の使い方を決定する権限をもちながらも、いかに英国全体の経済状況や英国政府による決定に依拠したままであるかを示している。

経済的な問題に加えて、COVID-19のパンデミックは、法的な問題に関しても権限が移譲された行政機関の権限を示すとともに、弱さも示した。パンデミック以前には、社会政策の展開において、英国と地方政府の間には明確な区分があった。先に触れたような権限が移譲された地域において、中央政府は、ブレアとブラウン（Gordon Brown）の両政権の下におけるNHSの民営化の拡大や「アカデミー（Academy）」校の導入に始まり[5)]、その後の保守党政権でも継続された広義の市場中心の政策を追求してきた。スコットランドとウェールズの政府は、医療と教育について普遍主義的な政策を追求した。スコットランドとウェールズにおいて、NHSから自由市場競争が除外され、すべての人を対象とする無料の視力検査などの取り組みが始まり、スコットランドでは、英国の他の地域における授業料が2000年の4000ポンドから最大9250ポンドにまで上昇しながらも、留学生を含むすべての学生に対して大学の授業料が無料となった。そのため、医療水準は英国全体において比較的に同様のものであるが、スコットランドの教育成果は近年、英国の他の地域に遅れをとっている（Atkins et al 2021: 6-7）。これらは、パンデミック以前に権限が移譲された行政機関がもっていた権限の一部であり、権限が移譲された政府が委任統治のもとで、どのように異なる社会政策を追求することができたのかを示す例である。一つの重要な問題は、COVID-19が中央政府と権限が移譲された政府の間のパワーバランスにどのような影響を与えたのかということである。

パンデミックに関連する社会政策の主要分野である公衆衛生、教育、社会福祉、警察、司法は、権限が移譲された政府の権限の下にあるため、英国政府の権限はある点においては制限されており、中央政府の政策作成能力に対しても影響を及ぼしていた。たとえば、2022年3月に最終的に失効したコロナウイルス法（Coronavirus Act 2020）は地方政府に対して、公共の安全を理由に学校

5）アカデミー校は、非営利の慈善団体としてリストアップされており、企業や公益信託がスポンサーとなっていることが多く、州立学校が教えるナショナル・カリキュラムに従う必要はない。

を閉鎖する権限や、人の移動制限や企業の閉鎖を行う権限を与えていた。さらに、コロナウイルス（スコットランド）法（Coronavirus（Scotland）Act）は、家やアパートの賃貸人を立ち退きから積極的に保護し、刑務所や医療サービスにおける負担を軽減するために、非暴力的な囚人を早期に刑務所から解放する権限を与えた（Wilkes 2020）。パンデミックの発生時、4つの地域はパンデミックに対する政策を統一しており、スコットランド、ウェールズ、北アイルランドの3首長全員が、英国政府と保安局が開催するCOBRA（Cabinet Office Briefing Rooms A）会議に招待され[6]、2020年3月には全国的な「ロックダウン」の必要性について幅広い合意が得られた。同年5月頃には、政策の実施における差が各地域において生じ始めていた。それらの中には、スコットランド政府が漁業部門と農業部門への財政支援を強化するなど、地域的な必要性によるものもあった。しかし、この頃に中央政府とスコットランド、ウェールズの政府との間のコミュニケーションが途絶えはじめ、スコットランド首相のスタージョン（Nicola Sturgeon）は、英国政府のCOVID-19に関するメッセージの変更を英国の報道機関から知ることになった[7]。Evans（2021）が指摘するように、この点は憲法上の問題を提起し、国家危機の際に政府間の公式な連絡経路が存在しないことを示した。事実上、英国政府は政策の変更に関して権限を委譲した政府に相談する必要性を感じなかった。その結果、とりわけ国境地域に住む人々には混乱が生じ、パンデミック時にはイングランドに住む人々はウェールズへの入国が禁止されたが、ウェールズに住む人々は国境を超えてイングランドに入国することができた。このことは、英国経済の一部でありながら、一般公開の時期について異なる命令を受けていた企業にも問題を生じさせた。教育政策の違いも露呈し、中央政府と地方政府の間の調整がうまくいかず、イングランドの生徒は2020年6月に学校が再開されたが、スコットランド、ウェールズ、北アイルランドの生徒は、6週間以上遅れて再開するという二層制

6） 内閣府ブリーフィングルームとは、国内政策と外交政策の両方に関して、国家の安全保障の問題を議論するために委員会が開催される場所を指す。通常、内閣の閣僚や安全保障や警察関係の上位スタッフのみが出席する。

7） 「ステイ・ホーム（Stay at home）」という標語から「警戒せよ（Stay alert）」という標語に変わり、事実上、公共の場への外出が許可された。

の教育システムが生まれた（Sargent 2020）。中央政府と権限が移譲された政府から発信されるメッセージが混在しているため、人々はどちらの政府の勧告に従えばよいか分からず、ウイルスの蔓延を抑制するための政策を実施する上での障害となることがしばしばあった。パンデミックによって、特にコロナウイルス法を通じて、地方政府には政策作成に関して明確かつ追加的な権限が与えられ、それは今後の国家の緊急事態においても繰り返されると予想されるが、英国政府が、地方政府よりも自身の決定作成を優先し、地域の指導者と長期的に協議し計画を立てる必要性を感じていないことは明らかである。

社会政策に関して、地方政府に対しては、法律に基づく大きな権限が与えられながらも、英国政府は、パンデミックの間において最も重要な分野である経済に対する支配力を保持した。コロナウイルス雇用維持スキーム（The Coronavirus Job Retention Scheme: CJRS）は2020年3月に導入され、2021年9月までに様々な給付水準において実施された。政府支出に関していうと、英国政府による労働政策への介入としては、1940年代に福祉国家が確立されて以来、圧倒的に大きいものであった。当初、同計画によって、閉鎖された企業で働けなくなった従業員に給与を支払うために、雇用主は政府に対して月額最大2500ポンドまで請求することができた。さらに、国民保険料や年金保険料のための従業員給付が加わった。国家統計局の見積もりによると、計画には1年半で690億ポンドの費用がかかり、2020年の経済成長率は10%近く低下したが、この計画の成功により、失業率は2020年12月の5.2%がピークであった（Narwan 2021）。疑いようもなく、一時帰休の計画は必要なものであり、短期的には国家による介入が成功し、英国経済へのさらなるダメージを防ぐために役立った。CJRS計画には1年半の間に7つの重要な変更があり、政府の賃金負担の水準を2020年10月に80%から60%に変更し、2020年末から2021年の夏にかけて80%に戻すことが含まれていた（Brightpay 2021）。権限が移譲された政府には、主に2つの影響があった。第一には、COVID-19関連の政府支出の最大の分野である、CJRSを通じた労働者支援がすべて、中央政府の手に委ねられた。高収入の職種が多く存在するロンドンやイングランド南東部において、CJRSの支給額はかなり高く、最大で2500ポンドの80%まで支給される資格をもつ人が多かった（スコットランド、ウェールズ、北アイルランドでは、この金額の収入を得ている人は少なかった)。第二に、前述したように、権限が移譲された政府はロックダウンや事業閉鎖に関する法的権限を有していたが、これらの期間は中央政府のCJRSによる調整とは必ずしも一致しなかった。2020年10月31日以前において、CJRSの計画が11月以降も延長されるか否かは定かではなかった。2020年10月31日の2度目のロックダウンのように、英国政府が全面的なロックダウンを指示した時期には、給与の80%が最大支給額として支払われた。しかしながら、ウェールズやスコットランド、マンチェスターを筆頭とするイングランド北部の一部の都市は、CJRSの支給額が60%に引き下げられた1週間前にすでにロックダウンに突入していた。このため、地方政府における労働者には大きな不安が生じ、多くの雇用主は当初の10月31日の期限を過ぎても労働者を確保できるかどうか不安であった(Ferguson 2020)。CJRSの計画は、英国内の中央政府の権限をさらに示すものであった。

イングランドと比較すると、地方政府は非常に異なる社会政策の課題を抱えている。地方政府と、イングランド北東部は英国平均と比較すると、医療費支出、病床数、一人当たりの病院スタッフ数が多い。これらの多くは地理的な要因によるものであり、地方政府における農村地帯には、地域のNHSサービスを必要とする人々が多く生活している。スコットランドは、(生徒一人当たりの)教育費が最も高く、生徒に対する教師の比率も英国の全地域の中で最も高いにも関わらず、2000年代半ば以降、理科と数学の到達率が著しく低下している(Atkins et al. 2021)。COVID-19のパンデミックは、政府支出の観点から見ると、社会政策の課題に対処するために、地方政府が中央政府に依存し続けることを示している。地方政府は、COVID-19のような大規模な国家の緊急事態や、前述した独自の社会政策の課題に対処するための、法律に基づく十分な徴税能力をもっておらず、非常に限定的な借入能力があるだけである。短期的には、世界中の国々がパンデミックから回復し、インフレやその他の生活費に関連する経済的影響の課題に直面しているとき、英国における地方政府は、英国政府の政策を頼りにしなければ、社会的課題に対応する法的柔軟性をもつ経済力をもたないだろう。

4.「大きな」国家としての英国

英国政府の政策が国家の規模を拡大させたと結論づけることは可能なのか。これは回答が難しい質問である。第一に、歴史的観点からみると、英国は第二次世界大戦後、戦後合意として知られる時代に突入して以来、着実に国家の規模が拡大してきたと言えるだろう。1980 年代にサッチャーが導入し、ブレア政権が継続した民営化改革を考慮に入れたとしても、支出と中央政府の雇用は増加し続けてきた。COVID-19 のパンデミックにより、政府は雇用維持計画などの経済の保護や、国家的なロックダウンという公衆衛生の保護のための前例のない政策介入を行った。同時に、スコットランド、ウェールズ、北アイルランドの、各地方政府への権限移譲を通じて構築されてきた新たな合意も挑戦を受けることとなった。パンデミックの間、英国の中央政府が、権限が移譲された政府を犠牲にして権力を拡大させたことを示唆する明確な証拠が存在する。COVID-19 によって、独立に関する議論は一時的に途切れたが、北アイルランドでは最近の選挙においてシン・フェイン（Sinn Fein）党が躍進し、スコットランドでは SNP が引き続き優勢であることから、連邦は近いうちに再び圧力を受ける可能性がある。英国政府が COVID-19 のパンデミックに対して、無視できないほどの介入的な政策によって対応したことに疑問の余地はない。しかし、これらの政策は、権限の移譲を通じて構築された合意に関して、長期的にはマイナスの影響を与える可能性があるだろう。すなわち、英国政府は、国家を経済的かつ社会的回復に導く必要があり、さもなければ現在存在するような連合王国が崩壊する危険がみられるからである。

参考文献

Atkins, G., Dalton, G., Philips, A., and Stojanovic, A.（2021）*Devolved public services The NHS, schools and social care in the four nations*. Institute for Government.

BBC.（2020）*Barnett formula: Which parts of the UK have the most money spent on them?* Retrieved from BBC news〈https://www.bbc.com/news/uk-northern-ireland-38077948〉

Bell, D., Eiser, D., & Phillips, D.（2021）*Designing and funding the devolved nations' policy responses to COVID-19*. University of Strathclyde Press.

Blackburn, D.（2018）Reassessing Britain's 'Post-war consensus': the politics of reason 1945-1979.

British Politics, 13 (2), 195–214.

Brightpay. (2021) *CJRS Flexible Furlough Scheme - Timetable of Changes*. Retrieved from Brightpay. co. uk 〈https://www.brightpay.co.uk/docs/21-22/coronavirus-covid-19-guidance-for-brightpay-users/cjrs-flexible-furlough-scheme-effective-from-1st-july-2020/cjrs-flexible-furlough-scheme-timetable-of-changes/〉

Daunton, M. J. (1996) Payment and Participation: Welfare and State-Formation in Britain 1900–1951. *Past & Present*, No. 150, 169–216.

Edgerton, D. (2021) What came between new liberalism and neoliberalism? Rethinking Keynesianism, the welfare state and social democracy. In B. J.-B. Aled Davies, *The Neoliberal Age?: Britain since the 1970's* (pp. 30–51) UCL Press.

Evans, G. (2021) Devolution and Covid-19: Towards a 'New Normal in the Territorial Constitution? *Public Law Issue* 1, 19–27.

Ferguson, D. (2020) *Extending furlough via the Coronavirus Job Retention Scheme*. Retrieved from Hosue of Commons Library 〈https://commonslibrary.parliament.uk/extending-furlough-via-the-coronavirus-job-retention-scheme/〉

Hicks, T. (2013) Partisan Strategy and Path Dependence: The Post-War Emergence of Health Systems in the UK and Sweden. *Comparative Politics*, Vol. 45, No. 2, 207–226.

Learmouth, A. (2021) *Spending in Scotland 30 per cent higher per person than in England because of Barnett formula, says IFS*. Retrieved from Holyrood 〈https://www.holyrood.com/news/view,ifs-say-barnett-formula-leaves-spending-in-scotland-30-higher-per-person-than-in-england〉

Narwan, G. (2021) *Furlough, the biggest UK peacetime intervention in the jobs market, cost taxpayers£69bn*. Retrieved from The Times of London 〈https://www.thetimes.co.uk/article/furlough-scheme-was-biggest-peacetime-intervention-in-the-uk-jobs-market-sgvpfd3h6〉

Office of National Statistics. (2022, March) *Public Sector Employment by Sector*. Retrieved from Office of National Statistics data 〈https://www.ons.gov.uk/employmentandlabourmarket/peopleinwork/publicsectorpersonnel/timeseries/g6nq/pse〉

Sargent, J. (2020) *Co-ordination and divergence: Devlution and Coronavirus*. Institute for Government.

Scottish Government. (2021) *Visa and Immigration*. Retrieved from Scotland. org 〈https://www.scotland.org/about-scotland/visa-and-immigration〉

UK Government. (2021) *UK Government doubles funding for Devolved Administrations to tackle Covid*. Retrieved from GOV. UK 〈https://www.gov.uk/government/news/uk-government-doubles-funding-for-devolved-administrations-to-tackle-covid〉

UK Parliament. (2020) *NHS Expenditure*. Retrieved from House of Commons Library 〈https://commonslibrary.parliament.uk/research-briefings/sn00724/〉

Vincent, S. (2021) Explaining third party success: Analysing the Japanese Innovation Party in the context of greaetr regionalism. *Nihon University Journal of Comparative Law*, 37, 47–63.

Wilkes, G. (2020) *Coronavirus and devolution*. Retrieved from Institute for Government 〈https://www.instituteforgovernment.org.uk/explainers/coronavirus-and-devolution〉

第3章
ブラジル
——コロナ危機の構図と政策のトリレンマ

舛方周一郎

1. コロナ危機下のボルソナーロ政権の運営を振りかえる

COVID-19の感染は、これまでどのように拡大と縮小を繰り返し、ブラジル社会にどのような変容をもたらしたのか。ブラジルにおける新型コロナウイルス感染症（COVID-19）の感染状況は、2020年2月末頃に初の感染者が発覚してから既に2年以上が経過した。本章の執筆時（2022年2月）、感染の第二波は収束し、南アフリカで発症したとされるオミクロン株の世界的な感染（第三波）が急拡大したが、第三波も収束の兆しがみえる。米国ジョンズ・ホプキンス大学の調査によれば、国別のCOVID-19の感染者数は2020年9月以降、米国・インド・ブラジルの上位3国の順位に変動はない。世界の累積感染者が約4億人のところ、この三か国で約半数を占め、そのうちブラジルは感染者数が約3000万人（世界で3番）、死亡者数が65万人（世界で2番）となっている。もっとも日本国内での一般的な印象とは異なり、ブラジルの感染状況は落ち着きを取り戻しており、一日の感染者数も欧州のフランスや英国とも大きな差がなくなっている。

こうした現状を前に、ブラジルのコロナ危機の要因を分析する報告書は既に数多く出版されている。しかしその報告には、大きく2つの課題がある。第一に、ブラジルの感染状況に関する報告は、ブラジルでコロナ感染が拡大した理由を国内の要因から分析するものが大半だったことである。ブラジルでCOVID-19が拡大した原因は、主に社会・経済的な格差、就労条件と密閉した居住地で暮らし社会隔離が難しいインフォーマルセクターの多さ、脆弱な医療制度から説明されてきた（たとえば、近田 2021；舛方 2021b）。ただし、その中にはブラジル人の道徳意識の低さや個人主義、接触を伴う対人関係を重視する姿勢など、地域の特殊性を強調するものもあった。しかしコロナ感染が欧米を含む多様な地域圏を越えて発生した以上、文化的な差異がパンデミックを深刻化させる決定的な要因になったとは言い難い。くわえて一連のパンデミックが特定の地域を越えた現象だったことからも、多国間協調に基づくコロナ対応が国家の政策判断にどのような効果をあたえたのかについても考察するべき点である（たとえば、Pozzatti and Farias 2022）。

第二に、ブラジルのボルソナーロ（Jair Messias Bolsonaro）大統領を一部で「極右ポピュリスト」と分類していることである。アメリカ、ブラジル、インドといった感染者数上位3カ国の民主主義体制下の政権は、パンデミックが発生した当初は「極右ポピュリスト政権」とも位置づけられた（Vestena 2021）。特にブラジルに対しては、その論調の多くがコロナ感染防止対策をボルソナーロ大統領の政治イデオロギーに関連づけて批判するものであった。しかし同政権の方針が、コロナ危機を悪化させる要因の一つだったとしても、それがコロナ感染を拡大させる根本的な要因だったとも言い難い。ボルソナーロ大統領は、政治的適正のない言動や品格のなさが取り上げられ、コロナ感染防止対策に無策で経済政策を偏重していると批判されてきたが、その政治運営のスタイルが感染拡大の原因であるならば、ブラジルが抱える構造的な問題が捨象され、より検討すべき問題が単純化されてしまう。さらにボルソナーロ大統領が極右ポピュリストであるとの安易なタイプ分けは、緊急現金給付に代表される市民に対する再配分政策の実施など、一般に右派の政策と異なる対応を打ち出した時、政権がその対応をした理由を説明する力を鈍らせる。したがって政治的な観念に対する解釈を控えて、ボルソナーロ政権はなぜ、どのようにコロナ対応を行ったのか、妥当な説明が求められる。

上記の点を踏まえて本章は、単に国内からみたブラジルだけではなく、国際状況との連動を踏まえたブラジルのコロナ危機の構図と、コロナ危機前後の社会の変容を整理する。さらに「世界経済の政治的トリレンマ」を援用した「政策のトリレンマ」を提示し、危機の中で「経済成長」と「人命」という選択肢に加えて、両者のバランスを担う「国家の強制力」という要素も加えた3要素の間でトリレンマを起こしたことで、国内の社会も変容した可能性を指摘する。

本章の構成は、以下の通りである。第1節では、コロナ危機以前のブラジルの状況を説明する。第2節と第3節は、ブラジルにおけるコロナ危機の経緯を4つの時期に区分して説明する。その区分は第一波の発生時からピーク、第一波のピークから収束期、第二波の発生時からピーク、第二波のピークから収束期である。第4節は、コロナ危機後における政治・経済・公共政策における変容を説明する。最後に結びにかえて、ブラジルにおけるコロナ危機を把握するための視角として、「命か経済か」の二元論の先にある含意を提示する。

2. グローバルな感染症とブラジル政府の対応

国土の多くが熱帯に属するブラジルは、世界の中でも有数の感染症が拡大しやすい国である。これまでも政府は国民の人命に関わる感染症を軽視することはできず、1930年前後の近代国家の建設時期から、黄熱病、ハンセン病、マラリア、エボラ、ジャーガス病など多くの感染症と向き合ってきた。もちろん近年のグローバルな感染症は、感染も速く、感染率・罹患率も高いため、上記の感染症とは特徴が異なる。しかしブラジルが感染症の拡大しやすい国だからこそ、国際的な措置と国内状況を鑑みた過去のグローバルかつ重大な感染症の対策にも特筆するべき点がある（表3-1参照）。

第一に、重症急性呼吸器症候群（SARS）への対応である。SARSはコロナウイルス（SARS-Cov-1）により引き起こされるウイルス性の呼吸器疾患で、2003年前後に中国南部を起源として世界規模で肺炎が集団発生した。WHOは全世界にむけた注意喚起を行い、世界規模の健康上の脅威と位置付けて、旅行勧告を発表した。SARSを契機として、医療における基準予防策と院内感染防止の重要性、国際間における不明あるいは重症感染症発生に関する情報の共有、サーベイランス強化の重要性が再確認され、国際保健規則（IHR）の改訂が急速に進んだ（岡部2016）。このSARSは世界的に感染拡大したにもかかわらず、意外にもブラジルで症例は少数であった。とはいえSARSの発生によるWHOの対応の変化は、その後のブラジル政府による感染症対策の認識を転換させた。

第二に、新型インフルエンザ（H1/N12009）への対応である。新型インフルエンザは、2009年メキシコで発見され、隣国アメリカで発生が明らかになったことから、WHOは「国際的に重要な公衆衛生上の問題」（PHEIC）であると宣言した。新型インフルエンザの感染は、ラテンアメリカ各国にも広がり、WHOの発表によれば2009年8月までの死者数が全体で2185人だったところ、ブラジルでの死者数が世界で最も多い577人であった。とくに8月13日から22日の1週間で死者数が倍以上に増えたことから、ブラジル政府もIHRの基準に則り、国内の保健医療分野の制度やガイドラインを整備して新型インフルエンザへの対策を講じた。

第三に、ジカ熱（ジカウイルス感染症）への対応である。ジカ熱は、蚊を媒介とするウイルスにより引き起こされる感染症で、妊娠中のジカウイルス感染と小頭症の発生に因果関係が疑われている。ジカ熱は2015年に流行が始まり、この時点で既に40～130万の患者が発生していたと推計されている。国内ではリオデジャネイロ・オリンピックの開催に向けた準備期間に、小頭症の子どもの症例が問題視されると、WHOは2月にIHRに則り、これを「国際的に懸念される公衆衛生上の緊急事態」（PHEIC）であると宣言した。政府は宣言が削除されるまでの1年間、保健省を中心に蚊の駆除活動を行った。その他にも、妊娠を計画するカップルへのガイダンスや小頭症に対応するリプロダクティブライツと産前・出産・産後のケアに関する宣言を発表し、感染症拡大の予防措置に従事した（Lowe et al. 2018）。

近年のグローバルかつ重大な感染症は、確かにCOVID-19と比較すれば感染の速度も遅く、感染者・死者数の数も少ない。しかしこれまでのブラジル政府のグローバルな感染症対策の経験からは明らかになることもある。それは、ブラジル政府は海外から持ち込まれた可能性が高い感染症に、WHOの方針と国内の社会状況を鑑みて、感染症発症のリスクを限りなく完全に抑えるゼロリスクでは対応してこなかったということである。

表 3-1 感染症とブラジル政府の対応関連年表

年 月	出来事
1930 年	ブラジル教育・公衆保健省設立
1937 年	ブラジル教育・保健省に改称 国家レベルでの初の公衆保健プログラムである「黄熱病国家対策プログラム」開始
1939 年	米・ロックフェラー財団の資金協力、運営による「北東部マラリア対策プログラム」開始
1953 年	ブラジル保健省への再編
1956 年	保健省内に農村部風土病国家対策部設置
1986 年	デング熱第一波
1991 年	北東部中心にコレラ流行
1995 年	ハンセン病に関する法律制定
2002 年	デング熱制御国家プログラム（PNCD）
2003 年	重症急性呼吸器症候群（SARS）の流行
2006 年	WHO シャーガス病撲滅宣言
2009 年	新型インフルエンザ（H1N1）流行 ブラジルが世界最大の死亡者数を記録
2015 年	ジカ熱流行開始
2016 年	WHO ジカ熱に対する PHEIC 宣言
2017 年	WHO ジカ熱に対する PHEIC 宣言解除
2019 年	新型インフルエンザ A（H1N2）
2020 年 2 月 16 日 3 月 11 日	 ブラジル国内初の COVID-19 感染者 COVID-19 の PHEIC 宣言

出所：各種の資料をもとに筆者作成。

3. 感染の第一の波と混乱した対応

グローバルな感染症が発生する度に講じられてきた経験は、WHO とブラジルのコロナ対応にも活かされたのだろうか。かねてより WHO は全面封鎖が及ぼす社会的影響を理由に感染症対応での人の往来制限に否定的だった。当然、国境管理を行えば人の流れを止めることができるから、感染の拡大も防ぐことができる。しかし WHO の規則は国際条約を締約する国に対する法的な拘束力が弱く、その機能にも限界がある。そのことからWHOは機能不全に陥っているとの批判もあった（小松2021；佐藤2021）。ブラジルでも一部でWHOの感染症対策の機能を疑問視する見方もあったが、その見方が表面化することはなく、ブラジル政府は中国でコロナ感染が発覚した時期にも人の往来制限に否定的だったWHOの姿勢に応じた。したがってWHOもブラジル政府に国境封鎖を求めず、国内の感染拡大防止策を策定し医療体制を整えて対応するように求めた。

(1) 予測不明の第一波発生からピークまで

コロナ危機はブラジルが抱える感染症対策の問題だけでなく、WHOと各国政府との連携の面で課題を露呈した出来事でもあった。初期の感染を起こした可能性のある中国湖北省の武漢市からヨーロッパ全域まで感染が拡大した時期、ブラジル政府はCOVID-19に関する情報収集をしていたものの、WHOの基準に基づき、入国審査時における制限をしなかった。2020年2月26日、数日前までイタリアに出張した61歳の男性が、ブラジルを含む南米で初のCOVID-19感染者と確認された。その後も欧米からの帰国者による症例が目立ったものの、ブラジル政府は人の往来を制限せずに、感染拡大の状況を注視するにとどめた。

2020年3月7日、COVID-19の確定患者数が全世界で10万人を超えたことを受けてWHOはウイルスの影響を阻止、抑制、制御、遅延、軽減する行動を各国に呼びかける声明を発表し、11日にCOVID-19をパンデミックと認定した。その宣言は感染拡大が深刻になった後のことでもあり、WHOの対応の遅さに一部で批判もあったが、WHO事務局長は「報告書の中で最初の症例の通知を受けてからWHOが同問題に完全に対応する状況になり、日々、各国に緊急かつ積極的な行動をとるよう呼びかけてきたこと」を強調した。このような違いからも、WHOが実施できることと各国政府に求めていることの間には双方間で認識に齟齬があることを確認できる。

WHOの宣言により、ブラジル政府も決断を迫られた。これまでCOVID-19の被害を「対岸の火事」と楽観視していたブラジルも、感染者数が急増し感染拡大に歯止めをかけられなくなったためである。2020年3月17日、ブラジル政府は第120省令を交付すると、2018年の前後より国内の政情不安が原因でブラジルに逃れたベネズエラ難民の新規入国を拒否した後、同19日以降、ブラジル入国制限を行った。翌20日に保健相がブラジル全体の共同感染状態を宣言し、その一週間後の27日にブラジル政府は国境封鎖と州境での往来を制限し、陸路・空路・水路での入国も禁止した。

対して4月30日事務局長は、COVID-19に関する3回目のIHR緊急委員会を招集し、緊急委員会は翌5月1日に国際協調を訴える声明を発表した。この時には、ブラジルの国内感染者の数は爆発的に増え、累計感染者の数は既に中国の感染者を超えて、8万7000人に達していた。

(2) 政治問題に発展した第一波のピークから収束まで

2020年5月18日と19日に開催された第73回世界保健総会は、過去最多の130カ国以上が共同で提案し、世界を挙げてCOVID-19のパンデミックに立ち向かう決議を採択した。WHOを中心とするパンデミックに抗する国際協調が深まる中で、ブラジルでは感染者数が拡大の一途をたどり、ついに6月には死者数・感染者数とも世界2位となった。

ブラジルでの感染の第一波がピークを迎えた頃、政府のコロナ対策は政治問題へ発展した。第一に国内の政治問題である。ボルソナーロ大統領が主導する連邦政府は、経済活動や移動の自由を重視し、ワクチンより治療薬によりコロナに対応することを強調した。これに対して、ブラジルで最大の州であるサンパウロ州知事は、行動制限を求めて大統領のコロナ対応に反発した。双方の意見の不一致は、コロナ危機という緊急時に連邦と州の政府間で連携が取れていないことを象徴した。この対立が顕在化すると、5月31日、COVID-19対応をめぐりサンパウロ市内で大統領派と反支持派の運動が衝突し、軍警察が出動して運動を鎮圧する出来事も発生した。コロナ対策に関する実際の各都市の行動制限は州と市が行い、連邦の役割は薬の認可・調達等の限定的なものであり、政府間協力や連携が重要であると最高裁が明示したことで、両者の相違は一先ず決着した。

第二に、国際的な政治問題である。2020年6月、ボルソナーロ大統領は中国寄りとも受け止められるWHOの対応を批判し、WHO脱退の意向を示唆する発言もおこなった。ボルソナーロ大統領は「米国は世界保健機関：WHO からの脱却を表明した。我々も将来的に検討する。WHO がイデオロギーを排して活動しないかぎり、我々も抜ける」と、COVID-19 の終息後に対応が中国寄りとの批判をうけた WHO 脱退を検討すると発言した。その後、大統領から WHO を脱退する正式な表明はないものの、脱退意向を正当化しようとする発言は、歴代政権の国際協調路線と一線を画そうとすること、政権内でも関係者の認識に相違があることが明示される出来事であった。

こうした問題を経て、8 月、コロナ死者は 10 万人を突破し、感染者は国内で 300 万人を超えたが、その頃までには 1 日の新規感染者数は連続的に低下しており、既に第一波は収束の兆しがみえていた。最終的に第一波は完全に収束したわけではなかった。しかしサンパウロ市の集中治療室の収容率も減少傾向になり、9 月になると経済活動の規制を解除する自治体が増加しはじめた。

4. 感染の第二の波と経験を活かした対応

(1) ワクチン接種を開始した第二波からピークまで

ブラジルでのコロナ感染は、2020 年 11 月頃から、北部アマゾナス州マナウスで出現した変異株が国内で広まり、「第二波」と名づけられた。第二波は、2021 月 3 月頃まで国内各地で医療崩壊をもたらすほど被害の深刻さは続いたが、総じて第一波での経験が、政府の対応においても確認できる。

12 月 31 日、WHO は COVID-19 ワクチンについて初の緊急使用確認を行い、世界的に公平なアクセスの必要性を強調した。一刻も早い対応が求められる中、2021 年 1 月に治験が開始したワクチンを実用化し、コロナウイルスワクチンの緊急接種を開始した。緊急接種という国際的対応をうけ、ブラジルでも 1 月 17 日、国際的に有名な医学・生物学研究機関であるブタンタン研究所（Butantan Institute）を統括するサンパウロ州知事は、中国の大手企業シノバックと共同で COVID-19 ワクチン製造に多額の投資を行い、ブラジル初の COVID-19 ワクチン接種を推進した[1)]。

2021 年 3 月にかけて第二波のピークを迎えると、ブラジルの全国各都市では夜間外出制限が発出された。ブラジルを含むラテンアメリカ・カリブ諸国全体に目をむけると、感染者・死亡者の数は急増しており、WHO は「ラテンアメリカはパンデミックに最も被害を受ける大陸の一つとなった」と評した。特にブラジルの主要都市であるサンパウロやリオデジャネイロは医療崩壊をさけるため都市封鎖（ロックダウン）を開始した。するとサンパウロ州政府は、経済活動再開計画（サンパウロ計画 Plano SP）に基づき、夜間の外出を制限し、従わない場合は罰金も科した。さらに、同州政府は違法な集会の取り締まりを行うとともに、緊急事態からの移行、解除までのフェーズを５段階に設定して都市封鎖を管理する措置をとった。

(2) 政策の効果が発揮された第二波のピークから往来制限の解除まで

ブラジルで第二波のピークを越えた頃、WHO は世界保健日にあたり５つの行動要請を発表した。具体的には、① COVID-19 技術への国家間および国家内での公平なアクセスの加速、②プライマリー・ヘルスケアへの投資、③健康と社会保護の優先、④安全かつ健康で包括的な近隣情報システムの構築などである。こうした行動要請が発表された頃、ブラジルのサンパウロ州など一部の大都市圏も往来の解除を徐々に進めた。3 月 6 日、感染状況に従い５段階で対応を決める経済活動再開計画に基づき、州政府はサンパウロ州内全域のフェーズを１段階緩めて、スーパー等の必要不可欠なサービスのみ営業を許可した。4 月 12 日、サンパウロ州は、緊急事態のフェーズを解除すると、同月 18 日に移行段階に入り、商業活動および宗教活動を制限付きで再開した。それ以降も、感染状況を慎重に注視しながら、部分的な再開段階を下げて規制を緩和した。

ところが 2021 年 7 月にブラジル国内に流入したインド由来のデルタ株が蔓延し、8 月には国内感染者数の 70% 以上がデルタ株に感染し、デルタ株の共同体感染が全国規模で確認された。もっとも感染拡大が深刻になった時期もあったが、2021 年 8 月 17 日に安全な回復段階となったことで商業施設の営業時間、施設内の入場制限を撤廃した。2021 年 12 月頃から 2022 年の 2 月現在ま

1） COVAX とは、COVID-19 ワクチンへの迅速かつ公平なアクセスをすべての国に保証する世界的イニシアティブである。COVAX 社は 2021 年 1 月 22 日に最大 4000 万回分のファイザー社のワクチンの事前購入契約に署名したことも発表した。

でブラジルの感染状況は落ち着きを取り戻した。

第二波の新規死亡者が第一波の感染に比べて少数なのは、ワクチン接種の普及によるものと考えられる。2022年2月25日時点で、全国における1回目のワクチン接種者数は国民総人口の約82%にあたる約1億7774万人、2回目の接種者数は人口の約72.2%にあたる約1億5457万人にのぼった。保険省は70歳以上の高齢者向けにワクチンの3回目接種の実施を決定した。ワクチン接種の普及は、重病者の数を確実に減らす効果を発揮し、ブラジル社会も落ち着きを取り戻した。

5.「命か経済か」の選択——政治、経済、公共政策の変容

コロナ危機の発生は、しばしば各地で発生する問題の根本的な原因ではなく、既存の問題を鮮明化し、既存の価値や環境を変容させる効果をもつものと評される。それはブラジルの場合も同様である。事実、コロナ危機はブラジルの政治・経済・社会分野における問題を可視化し、社会のあらゆる様相を変容する効果をもったといえる。

(1) 政治・経済の変容

コロナ危機前の政治経済の盛衰

まず、政治・社会の変容である。コロナ危機が発生する以前の2000年代は、価格が上昇した原油や鉄鉱石、大豆などの1次産品の輸出と、旺盛な購買力をもつ中間層の存在により、ブラジルが安定した経済成長を遂げた時代であった。経済成長を促進する二つの要因が後押しとなり、ブラジルのルーラ（Luis Inácio Lula da Silva）政権は、新興大国の世界的な台頭を牽引した。ルーラ政権は外交面で国際貿易など多国間協調や南南協力を促進する国家として、民主主義・多国間主義などのリベラルな国際秩序に基づく国家統治を強化した。2011年1月、ルーラ政権の政策を踏襲したルセフ（Dilma Vana Rousseff）政権は、自国産業を活性化する保護主義的な貿易政策を採用した。同時に民主主義の促進にも努めたものの、検察や司法、メディアが政府に抵抗する力を得てきたことで、暗黙の了解だった政治家の汚職が表面化した（舛方 2016）。

2013年6月の抗議運動の発生は、ブラジル政治経済の転換点となった。表面化した経済停滞、教育・保健医療・汚職、治安悪化などの課題に改善がみられず、民主主義の質の改善を求める運動となった。ルセフ大統領は、その後の大統領選挙で辛勝したものの、保護主義政策に修正を迫られ、開放経済による経済成長の促進を目指した。これは経済の停滞により、グローバル化に制約を加えて国家の自律性を高めるルセフ政権の試みが失敗したことを意味する。さらに2015年以降から本格的な汚職捜査が実施されると、政治的な汚職を理由とする大物政治家たちの逮捕や、国家会計処理の不正を理由とするルセフ大統領の弾劾などで、既成の政党政治に国民の不信が高まったことで、社会的分断が表面化した政治的な危機に突入した。

低迷期を迎えたブラジルは、2016年9月、弾劾されたルセフ大統領に代わり、テーメル（Michel Miguel Elias Temer Lulia）が大統領の座に就くと、政権は保護主義経済から開放経済へと軌道を修正した。ただしテーメル大統領自身も不正問題から訴追をうけ、国民の民主主義に対する信頼は損なわれた。度重なる政治危機により国民の政治不信はますます高まり、2018年10月の大統領選挙の末、既存の政治とリベラルな価値に挑戦する保守・下院議員のボルソナーロが当選した。

ボルソナーロ政権は政治的・社会的な分断が表面化する中で誕生したこともあり、その支持率は発足当初30〜40%前後であった。ボルソナーロ政権は、民営化の促進、関税削減、社会保障・税制改革など、新自由主義に基づく小さな政府を志向した。しかし、既得権益者らの抵抗で改革の障害となっていた年金・税制改革・インフラ改善に取り組んだことで経済成長率が上昇傾向となる効果もあげており、その政治運営は政財界からは一定の評価も受けていた。

コロナ危機による政治経済状況の深刻化

ところが、コロナ危機は回復の兆しがみえてきたブラジル政治経済に甚大な被害をあたえた。ボルソナーロ政権は、すぐさまコロナ危機の発生と経済の両立という難題に直面した。一般に新自由主義改革は経済基盤を安定化したうえで、市民社会を活性化する方針をとる。この方針はブラジルの場合も同様でコロナ危機は改革の半ばに直撃したことになる。ボルソナーロ政権は、経済を優先するあまり、人命を軽視していると批判されてきたが、貧富の格差が大きいブラジルにおいては経済の停滞が企業の倒産、雇用・収入の喪失によって市民の職や人命をも奪うことにもつながった。

もっともコロナ危機下での政府の対応には、大きく3つの問題が指摘できる。第一に、大統領のリーダーシップの欠如である。ロックダウンや隔離といったコロナ対策に反対したボルソナーロの判断はコロナ対応の遅れや妨害を招き、関係者間の合意形成を困難にした。

コロナ発生後、支持率を持ち直したのは、コロナ対策緊急給付金によるものとされる。しかし、ボルソナーロ大統領の支持率が再び落ちる原因となったのは、2021年5月頃から開始した連邦上院に設置された調査委員会（CPI）において、政府による新型コロナ対策にまつわる問題が公表されたためであった。この調査委員会は、新型コロナウイルス感染症対策に関する証人喚問や参考人の招致を行い真実の究明を図った。その主な論点は、コロナ対策（マスク使用、社会隔離等）の不徹底、効果がないとされるコロナ治療薬キットの推奨、アマゾン州マナウス市での緊急事態対応（酸素ボンベ不足）、危機的状況に関する報告のタイミング、ワクチン購入をめぐる汚職疑惑等などであった（舛方 2021a）。6月14日、この調査委員会は感染症の専門家を招き「ボルソナーロ政権が適切な措置を講じていれば、コロナの死者は約40万人少なくて済んだ」との見解を示した。もっとも同委員会は野党議員が政府を批判するための政治的道具として活用した側面もあることにも留意しなければならない。

第二に、国際保健体制からの要請に対する政府間での対応の違いである。ブラジルは1988年連邦憲法のもと、州や市町村など地方自治体が存在し、地方自治体は連邦政府からの自律性が保障されている。確かに政府間関係で連携が必要な政策決定において対立が発生することは、連邦制を採用するブラジルでは珍しいことではなかった。しかし、先述したコロナ危機における大統領と州知事とが対立する構図は、地方分権が進んだブラジルの制度的な問題を鮮明にした。

第三に、政府のコロナ対応における専門家の立場である。専門的な知識を有する政策決定では専門家が助言を行うなど、ブラジルにおいても専門家の役割は重要視されていた。ところが、ボルソナーロは科学的見解に基づく国内のコロナ対策を阻害する政治的な判断を行った。たとえばその一つが、抗マラリア剤であるヒドロキシクロロキンの使用である。WHO は、COVID-19 の有効な治療法を見つけるためヒドロキシクロロキン部門を中止すると、2020 年 6 月 17 日に発表した（Masukata 2023 forthcoming）。

にもかかわらず、COVID-19 の治療薬として科学的効果は立証されていない抗マラリア剤の薬剤の導入を、ボルソナーロ大統領は推奨した。さらにボルソナーロ大統領は、パンデミック下において 4 名の保健相を任命し、うち最初の 2 名を解任した。その解任の理由は、任命した大臣が COVID-19 の感染を防ぐ「予防キット」として社会的隔離よりも営業を認める政令を出すなど、パンデミックを抑える大統領の方針と意見が合わなかったためである。こうした対応に加え、政府は酸素ボンベ不足に陥った州の要請に応えず、COVID-19 ワクチン調達にも最低限の努力しかなかったと批判を受けた（Malta et al. 2021）。ブラジル政府の対応は、ブラジル経済全体への悪影響を軽減するための政治的な決断だったともいえる。

(2) 社会・公共政策の変容――危機がブラジル社会にもたらした教訓

政治経済の変容に加えて顕著なのが、社会・公共政策の変容である。ブラジルの公共政策の中でも、コロナ禍で注目を集めたのが、公的医療制度である統一保険医療システム（SUS）である。ブラジルでは国民の 75% にあたる 1 億 5000 万人が SUS を主に利用している。貧富を問わず、何人も無料で保険医療サービスを受けられることを基本理念とする SUS は、WHO から極めて高い評価をうけてきた。しかし SUS は、コロナ危機が発生する以前から予算・人的資源・施設・設備等が不足しており、十分に機能しているとは言い難かった。とはいえ、低所得者から中間層にあたる国民の 8 割以上は、無料だが設備面などで劣る公的な医療機関である SUS を利用し、2 割以下の富裕層が高い受診料を払い設備の整った民間の医療機関を利用してきた。

ブラジルは、貧困層が多い北部・北東部と、富裕層が多い南部といった地域間で、所得以外の格差も大きい。北部・北東部は熱帯地域で感染も広まりやすく、中西部・南部は人口密度も小さく感染は広まりにくい特徴もある。衛生状態の悪い人口密集地は、医療体制が脆弱で、国民の約 4 割が十分な予防対策が困難である。法制度や社会保障制度により保護されないインフォーマルセクターに属していることからも、感染症に対する耐性が低いとされている。実際、コロナ危機の発生後、政府が社会経済的に脆弱な州においてCOVID-19による医療システムの過重負担の影響を受けるリスクが高いことを考慮していなかったことで、脆弱な州の医療システムの機能性は低下した。さらに保健システムの回復力を向上させる適切な計画がなかったため、医療処置の量が4分の1に減少し、国内にすでに存在する健康格差が拡大する結果をもたらしたとの研究結果も報告されている（Bigoni et al. 2022）。

以上の通り、コロナ危機はSUSによる医療体制の不備を鮮明化する出来事であった。一般に平時の効率性の観点のみで構成される社会は寛容性が低く、非常事態に脆弱である。ブラジル社会はコロナ危機に直面したことで非常事態の時に十分に対応できる医療や福祉の将来に周囲の関心が向き、社会に冗長性を意識して残しておくことの大切さが確認された。ボルソナーロ政権が主導した新自由主義改革が医療保険分野への予算を削減し、その追い打ちをかけた結果と批判されることもあるが（Ortega and Michael 2020）、コロナ危機に直面したブラジル政府は医療保健分野に予算配分を高めたとされており、政府の公共政策への向き合い方にも変容があったといえる。

6. 結びに代えて——コロナ危機における政策のトリレンマ

本章はコロナ危機が、ブラジルの政治・経済・社会にどのような変容をもたらしたのかを国際と国内の関係から考察した。コロナ危機は、新自由主義に基づく小さな政府の限界を顕在化させたことで、ブラジルにおいても国家のあるべき姿として福祉国家を希求する声が上がっている。

ブラジルのコロナ危機への政府の対応からわかる通り、グローバル化のもとで政府が直面する政策の選択は、コロナ対応における二者択一（経済優先か人命優先か）の問題として捉えられることが多い。しかし政策の選択を二者択一とすることや、分析対象を経済と人の往来制限に限定するのは、分析上の前提であり、それが唯一の見方ではない。いかなる局面においても、実際の国家の選択は両者の間で起こる問題を是正するバランス（国家の強制力）が求められる。

国家の選択と国家の強制力を考える際に、ロドリック（Dani Rodrik）が提起した「世界経済の政治的トリレンマ」は、有効な示唆を与えるだろう。世界経済の政治的トリレンマは、経済のグローバル化、民主主義、国家主義の三つの要素のうち、国家は二つしか選択することができないことを示したものである。世界経済の政治的トリレンマは、国家が経済のグローバル化を選べば、国内の経済成長を促すことができるという意味で望ましい。その一方で、民主主義を選べば、民主主義は国内の民意を反映するという意味で望ましい。他方で、国家主義を選ぶのは、国家が自律的に政策を選好することができるという意味で望ましい。ロドリックはこの三つのうち、国家は二つしか選択することができないと述べている（Rodrik 2012）。

仮に経済のグローバル化を「経済成長」、民主主義を「人命」、国家主義を「国家の強制力」に援用するならば、その主張はブラジルのコロナ危機における国家の政策選好を明らかにするうえでも有効である。経済成長のために国家が強制力を発動すれば、コロナ感染は拡大して人命を犠牲にすることになる。他方で、人命を確保するため国家が強制力を発動すれば、往来制限をすることはできるが、経済成長を犠牲にすることになる。

往来制限が国家行政の強さ、経済社会、国内世論との兼ね合いで決定するものであるならば、ブラジルは多国間協調を受容してきたことで国際機関の指示に依存し、国家の強制力を十分に発動できないほど脆弱化したことになる。しかし、コロナ危機への対応では国際的な協力体制の構築が重要であるにもかかわらず、現実には国民も多国間協調よりも国家の政策に期待し、国が実行する政策への依存度を強めた。

ブラジルはこれまでも国家の強制力と市民の自律性の間での緊張関係が国家の発展と進歩を促してきた。コロナ危機は確かに国家と市民の双方の力を弱体化したものの、一方で国家と社会の関係に新たな対話を生む機会も生んだ。強制力をもつ国家とその国家の役割を監視する市民の絶え間ない対話の中にこそ、コロナ危機後の世界を歩むブラジル社会の姿が想像される。

参考文献

Borges, André and Lucio Rennó (2021) "Brazilian Response to Covid-19: Polarization and Conflict," in Michelle Fernandez and Carlos Machados eds. *COVID-19's political challenges in Latin America*, Springer.

Bigoni, Alessandro, et al. (2022) "Brazil's Health System Functionality Amidst the COVID-19 Pandemic Analysis of Resilience," *The Lancet Regional Health-Americas*, 10, June 2022.

Pozzatti, Ademar and Luiza Witzer Farias (2022) "From emergency to structure: ways to fight Covid-19 via international cooperation in health from Brazil,"*Revista Brasileira de Política Internacional*, 65 (1).

Rodrik, Dani (2012) *The Globalization Paradox: Democracy and the Future of the World Economy*, WW Norton (ダニ・ロドリック/柴山桂太・大川良文訳 (2013)『グローバリゼーション・パラドックス:世界経済の未来を決める三つの道』白水社).

Lowe, Rachel, et al. (2018) "The Zika Virus Epidemic in Brazil: From Discovery to Future Implications," *The International Journal Environmental Research of Public Health*, 15 (1): 96.

Masukata, Shuichiro (2023 forthcoming) "Illiberal Bandwagoning: United States-Brazil Relations under the Trump and Bolsonaro Administration," In Kusano Hiroki and Hiro Katsumata eds. *Non-Western Nations and the future of the Liberal World Order*, Routledge.

Massuda, Adriano, et al. (2018) "The Brazilian health system at crossroads: progress, crisis, and resilience," BMJ Glob Health, 2018 Jul 3; DOI: 10.1136/bmjgh-2018-000829. eCollection 2018.

Ortega, Francisco and Michael Orsini (2020) "Governing COVID-19 without government in Brazil: Ignorance, neoliberal authoritarianism, and the collapse of public health leadership,"*Global Public Health*, 15 (9): 1257-1277.

Vestena, Carolina Alves (2021) "Ruling Through Chaos in Brazil: Bolsonaro's Authoritarian Public Health," in Michell Falkenbach and Scott L. Greer, eds. *The Populist Radical Right and Health. National Policies and Global Trends*, Springer.

岡部信彦 (2016)「近年問題になった新興感染症と現状」『日内会誌』105号、2120-2125頁。

小松志朗 (2021)「ポスト・グローバル化時代のWHO・IHR体制:往来制限は新型コロナ対策として正しいのか」日本大学政経研究所共同研究プロジェクト「COVID-19と社会の変容」報告資料。

近田亮平 (2021)「経済優先のブラジル——秩序を欠いた感染症対策」佐藤仁志編『コロナ禍の途上国と世界の変容:軋む国際秩序、分断、格差貧困を考える』日本経済新聞出版。

佐藤仁志 (2021)「多国間協調の利益と課題——WHOとWTO」佐藤仁志編『コロナ禍の途上国と世界の変容——軋む国際秩序、分断、格差貧困を考える』日本経済新聞出版。

高橋亮太 (2021)「ラテンアメリカ/ブラジル」宇佐見耕一ほか編著『世界の社会福祉年鑑2021』旬報社。

舛方周一郎 (2016)「混迷化するブラジルの政治社会と世界経済の政治的トリレンマ」村上勇介編著『BRICs諸国のいま——2010年代世界の位相』(京都大学地域研究統合情報センター・ディスカッションペーパーシリーズNo.57) ciasdp57_23. pdf (kyoto-u.ac.jp)。

舛方周一郎 (2021a)「ボルソナーロ政権にも浮上「ブラジル政治」が繰り返す汚職の歴史」foresight 2021年8月9日〈https://www.fsight.jp/articles/-/48158〉2022年5月19日閲覧。

舛方周一郎 (2021b)「ブラジル・ボルソナーロ政権はなぜパンデミックを防げなかったのか? 予見されていたコロナ禍の危機と米中対立下での外交戦略」川島真・池内恵編著『UP plus 新興国から見るアフターコロナの時代』東京大学出版会。

ウェブサイト
WHO. Timeline of WHO's response to COVID-19
PAHO/WHO. Pan American Health Organization

第４章
トルコにおけるCOVID-19の流行と政治的課題の顕在化[1)]

岩坂将充

1. トルコにおけるCOVID-19

2020年初めに新型コロナウイルス感染症（COVID-19）の流行が世界各国で拡大してから、2022年6月現在で約2年半が経過した。2021年以降のワクチン接種の進展にくわえ、外出時の不織布マスクの着用や手指の消毒、さらに社会的距離の確保（social distancing）などによって爆発的な感染拡大は食い止められつつあるように見えるが、依然としてCOVID-19の流行は世界中の人々に大きな影響を与え続けている。各国政府は、感染症そのものへの医療の側面からの対応はもちろん、それによって直接・間接を問わず変化することとなった社会的・経済的な事柄に、政治の側面からの対応も迫られているのである。そしてこれらの対応の「成否」は、政府の評価や存続にも深くかかわっている。

本章でとりあげるトルコでは、2020年3月11日にCOVID-19の最初の発症者[2)]が判明し、6日後の3月17日には最初の死亡者（89歳男性）が確認された。それ以降、他国と同様に感染は急速に拡大していき、これまでいくつかの

1）本章の脱稿日は2022年6月30日である。
2）2020年11月25日付で、保健省は患者として数える対象を「陽性かつ症状のある者」（発症者）から「陽性の者」（感染者）へと変更した。

感染拡大の「波」を経験してきた。世界保健機関（World Health Organization: WHO）によると、2020 年 1 月 3 日から 2022 年 6 月 28 日にかけて、トルコでは累計 1500 万名以上の感染者が確認され、死亡者数は累計 9 万 9000 名以上となっている。トルコの感染者数はこの時点で世界第 10 位であるが、死亡者数は第 19 位であり、イギリスやフランス、ドイツ、スペインなどヨーロッパ諸国よりも COVID-19 での死亡率は低く抑えられていることから、トルコのエルドアン大統領（Recep Tayyip Erdoğan）と彼が率いる公正発展党（Adalet ve Kalkınma Partisi: AKP）の政権は、医療面においては一定の「成功」をおさめていると評価することもできるかも知れない（WHO 2022）。事実、多くの制限が解除された 2022 年 5 月末に筆者がトルコを訪問した際には、「トルコではもうコロナは終わった」という声すら聞かれた。

しかし、COVID-19 流行拡大によって加速・露呈したさまざまな課題は、エルドアン・AKP 政権の行き先に影を落としている。いずれの国も経験した COVID-19 流行下での経済の悪化は、従来から状況が思わしくなかったトルコでは顕著なものとなり、2022 年 2 月のロシアによるウクライナ侵攻以降はさらに見通しが悪くなった。また、COVID-19 や経済にかんする情報の正確性が疑問視される事態となった際には、政府への不信感も増大する結果となった。このような、COVID-19 に関連してより注目されるようになった諸課題とそれへの対応は、しばしば権威主義化が指摘されるエルドアン・AKP 政権への現時点での支持はもちろん、現政権が 2018 年に導入した大統領制（2017 年国民投票で承認）の是非や、2023 年に予定されている次期大統領選挙・議会選挙の結果——政権存続の可否——にも影響を与えうるものである。

そこで本章では、COVID-19 の流行がトルコの政治、とりわけエルドアン・AKP 政権をめぐる政治状況にどのような影響を与えたのかについて分析をおこなう。まず次節では、トルコにおける COVID-19 の流行とこれに対するエルドアン・AKP 政権の政策を、2020 年 1 月頃から 2022 年 6 月頃までの約 2 年半を 6 つに区分して概観する。第 3 節では、政権の政策に対する国民の評価と同時に、国民のあいだで政権への不信や経済への不安が増大していった過程を論じる。そして第 4 節では政権と野党勢力の変化を分析し、COVID-19 の流行を契機としてトルコ政治であらためて顕在化した課題とそれがエルドアン・AKP 政権に与えた影響について明らかにするものとする。

2. COVID-19 の流行とエルドアン・AKP 政権の政策

トルコにおいても、他国と同様に数回にわたる感染拡大の「波」が生じており、それに呼応するように COVID-19 対策としての各種制限の実施・強化や緩和が繰り返されてきた。キョイバシュ（Serkan Koybasi）らの報告（Koybasi et al. 2021）を参考にすると、これらの規制の切り替えによって、2022 年 6 月頃までをおおむね 6 つに区分することができる。

第Ⅰ期（第 1 次強化期）はトルコで感染者が確認されて以降の流行最初期であり、手探り状態ながらもさまざまな対策が積極的に講じられた。第Ⅱ期（第 1 次緩和期）は 2020 年 6 月頃から始まり、第Ⅰ期に実施された制限の多くが大幅に緩和あるいは撤廃された。11 月頃から始まった第Ⅲ期（第 2 次強化期）では、10 月までに感染がふたたび拡大したことを受けて、第Ⅰ期の制限が再度導入された。第Ⅳ期（第 2 次緩和期）は 2021 年 3 月頃から始まっており、これまでおもに全国単位で実施してきた制限を県単位での対応へと切り替えて、より柔軟な対策をおこなった時期である。しかし同月に感染者数が急増したことで、4 月中旬からは第Ⅴ期（第 3 次強化期）において制限強化へと舵を切り、同月末からトルコで初めての都市封鎖（ロックダウン）も実施された。そして 6 月以降は長期にわたって段階的に制限緩和が実施され、2022 年 6 月現在まで重要な制限強化がなされない第Ⅵ期（第 3 次緩和期）として考えることができる。

以下では、これら第Ⅰ期～第Ⅵ期の区分にしたがって、エルドアン・AKP 政権の対 COVID-19 政策を整理していく。

(1) 第Ⅰ期（第 1 次強化期）

先に述べたように、トルコで最初に COVID-19 発症者が確認されたのは 2020 年 3 月中旬であったが、すでに 1 月 10 日には保健省管轄下に感染症や微生物学、呼吸器学などの専門家 26 名（のちに 31 名、4 月には 38 名に増員）で構成されるコロナウイルス科学委員会（Koronavirüs Bilim Kurulu: KBK）が設置されていた。この委員会は、委員長を務めるコジャ（Fahrettin Koca）保健相[3)]のもとで治療のガイドラインや国民が従うべき措置の策定をおこなっており、COVID-19関連情報について毎日記者会見を開いている。トルコでは、COVID-19にかんするほとんどの措置は官報（Resmî Gazete）に掲載されず、内務省から各県知事への通達という形式によって伝達されるため、KBKの会見は国民への情報提供という点でも重要な場であるといえる。

この時期に最初に講じられたCOVID-19対策は、国際的な人の移動の制限である。2020年2月初旬には中国・イランからのすべての国際線旅客機の運航が中止され、イランとの国境も閉鎖された。また同月末には、イタリア・韓国・イラク発着便が運休となり、3月中旬にはジョージアとの国境も閉鎖されるにいたった。こうした国際的な人の移動の制限は、隔離期間やPCR検査陰性証明書・ワクチン接種証明書の提示義務の設定・撤廃を織り交ぜながら、2022年6月にワクチン接種回数（未接種を含む）にかかわらず陰性証明書の提示義務が撤廃されるまで、おおむね緩和の方向で経過していった。

また教育についても迅速な対応がとられた。2020年3月中旬に、教育省は全学校の消毒および遠隔教育プログラムの提供を発表、16日から1週間の小学校（ilkokul）・中学校（ortaokul）・高等学校（lise）[4)]の閉鎖と3週間の大学の閉鎖を決定した。23日からは小学校・中学校・高等学校では教育省提供のオンライン教育プラットフォーム「教育情報ネットワーク（Eğitim Bilişim Ağı: EBA）」および国営放送TRTを通じた遠隔教育プログラムが開始された[5)]。これらの学校はのちに4月末まで閉鎖が延長され、大学についても高等教育委員

3） コジャは、イスタンブル大学医学部を卒業した小児科医であり、トルコ教育保健・研究財団（Türkiye Eğitim Sağlık ve Araştırma Vakfı）やイスタンブル・メディポル大学（İstanbul Medipol Üniversitesi）を設立、さまざまな組織の委員を歴任したのち、トルコが大統領制となった2018年6月に保健相に任命された。

4） トルコでは2012年から、義務教育は初等教育8年間（小学校4年間・中学校4年間）および中等教育4年間（高等学校）の計12年間となった。

5） オンライン教育プラットフォームであるEBAは、運営を開始した2012年以降数回の改良がおこなわれており、この間に学校・児童へのタブレット端末等の配付もすすめられていた。また、2020年1月24日にトルコ東部のエラズー県（Elazığ）で発生した地震からの復興期間においてもEBAが活用された。

会（Yükseköğretim Kurulu: YÖK）が春学期の完全遠隔授業化を決定した。

人々が集まる場所についても、3月16日には内務省の通達によってバーやナイトクラブ、飲食店、映画館、プールなどが一時閉鎖され、結婚式や弔問所の訪問も禁止された。21日には飲食店のテイクアウトでの営業が許可されるようになったが、理髪店などの営業許可は5月上旬まで待たなければならず、また厳しい制限をともなうものとなった。モスクでの礼拝についても3月16日から制限が課され、5月29日まで全国で礼拝が禁止された。これと同時期に、保健省は人々の密集度に基づく危険地域や医療機関などの位置情報、健康状態の確認などをおこなうスマートフォンアプリ「生活は家に収まる（Hayat Eve Sığar: HES）」を公開し活用を促す一方で、3月24日には公共交通機関の乗車定員制限やスーパーマーケットの入場客数制限を開始、29日には大都市でのタクシーの営業運行制限が導入された。4月3日には人が複数いる場所でのマスク着用義務が導入され、高騰するマスク価格対策としてマスクの販売禁止と公的機関によるマスク無料配布が実施されたが、5月6日からは1枚1リラの上限を設定し販売が再度許可されるようになった。また、国立病院におけるCOVID-19の治療の無償化もおこなわれた。

この時期のさまざまな制限のなかでも、人々の生活にもっとも影響を与えたのは外出制限の実施であろう。2020年3月21日には、内務省が65歳以上および慢性疾患のある市民の外出制限を発表、4月3日には20歳以下（2000年1月1日以降に生まれた者）にまで対象範囲が拡大された。さらに、30のすべての広域市（Büyükşehir、トルコの総人口の約78%が居住）とゾングルダク県（Zonguldak）[6)]への15日間の移動禁止が実施されたが、これは5月初旬まで延長され、県数を減らしつつ6月初旬まで継続された。また、4月11日・12日の2日間にわたり、すべての広域市およびゾングルダク県で全年齢を対象とした初めての外出制限が実施された[7)]。以降も外出制限は、5月初旬に対象範囲

6) ゾングルダクは、炭鉱労働者が多いことで従来から呼吸器疾患の割合が高い県として知られている。

7) これについては、エルドアンに次ぐ有力政治家の一人であるソイル（Süleyman Soylu）内相が、外出制限を実施直前に発表したことで混乱を招いたとして、辞任を表明する事態となった。しかしエルドアンに慰留されたことで、ソイルは結局留任した。

の部分的な緩和や、ラマダーン休暇[8]を含む5月22日から26日までの全国への適用などの変更を交えながら、数回にわたって実施された。

(2) 第Ⅱ期（第1次緩和期）

5月頃までには新規発症者数が順調に減少したことから、エルドアン大統領は段階的に通常生活に戻す方針を発表、5月6日にはコジャ保健相が「統制された社会生活（Kontrollü Sosyal Hayat）」を提唱しマスク着用と社会的距離の重要性をあらためて強調した。

6月になると国内線旅客機の運航も再開、議会もふたたび本格的に活動を始め、社会の多くの場面では制限が緩和されるようになった。教育については、8月12日には教育省がKBKの助言にしたがって9月21日から段階的な対面授業の再開を決定し、まず未就学児と小学校1年生から対面授業が始められた[9]。その他の学年についてもEBAを活用しつつ対面授業を織り交ぜるかたちで進められた。

モスクでの礼拝は5月29日以降回数制限付きで許可されるようになったが、引き続きモスクでの浄め[10]は禁止された。6月1日からは飲食店やプールなども営業時間制限・人数制限のもとで営業可能となり、7月21日には営業時間制限は撤廃されるにいたるなど、制限の緩和が進展していった。また、結婚式なども人数制限付きで7月1日から許可された。こうした緩和の一方で、6月19日以降、多くの都市では屋外でのマスク着用が義務化され、9月8日以降は全国に適用が拡大された。

第Ⅱ期のもっとも大きな変化は、バスや電車、航空機の利用制限の緩和と都市間移動の際のHESコード（スマートフォンアプリ）の提示義務化である。9月には、各都市の公共交通機関で利用されている交通ICカードとHESコードとの連携がおこなわれ、ショッピングモールやホテルなどへの入館の際にも提示が求められるようになった。

---

8)　ヒジュラ暦（イスラーム暦）のラマダーン月（ramazan）明けの休暇は、トルコでは里帰りなどで国内移動がもっとも集中する期間として知られている。

9)　これは義務ではなく、保護者の判断にゆだねられた。

10)　手や顔、足などの浄めは礼拝を有効とする条件とされる。

(3) 第Ⅲ期（第2次強化期）

しかし、8月から9月頃にかけてふたたび感染拡大が見られたことから、次第に制限強化へと方針が転換されていった。たとえば教育にかんしては、当初は11月23日からの対面授業の全面再開が目指されたが、11月17日にこれを断念し遠隔教育に戻ることとなった。

そして人々が集まる場所については、11月4日からほとんどの施設で営業時間制限（22時まで）が課されるようになり、飲食店もテイクアウトのみの営業となった。同日には映画館などが閉鎖され、12月1日からはプールなども閉鎖、営業時間制限も20時までに繰り上げられた。

また外出制限も再度実施され、11月10日にはアンカラとイスタンブルで65歳以上および慢性疾患のある市民は10時から16時を除く外出が禁止され、その後も適用時間や適用範囲の拡大を経て、12月1日から約3か月にわたって定期的に週末の外出制限が実施された。生活必需品購入などの目的での外出はこの適用外であったが、移動方法は徒歩などに限られた。そして12月31日夜から2021年1月1日朝にかけては、これまで基本的に制限の適用外とされてきた外国人観光客も含むかたちで、大通りや広場への立ち入りが禁止された。

このような制限の強化と並行して、2021年1月からはワクチン接種が進められた。コジャ保健相やKBK委員、エルドアン大統領をはじめ、まず政府関係者らがキャンペーンとして接種して以降、医療従事者と65歳以上の市民、続いて教師や兵士および50歳以上の市民、そして18歳以上の市民という順番で接種がおこなわれた。トルコではワクチン接種は義務化されていないが、ワクチン未接種者への感染拡大傾向が見られるため、接種を積極的に働きかけている。ワクチンは、中国シノバック社製のCoronaVac、米独ファイザー/ビオンテック社製のComirnaty、ロシア製のSputnik V、トルコ製のTURKOVACが順次承認された。

(4) 第Ⅳ期（第2次緩和期）

2021年3月2日からは、トルコ全81県を人口における感染者数の割合に応じて4つの段階（低リスク・中リスク・高リスク・超高リスク）に区分し、これにしたがって県ごとに段階別の対策が取られるようになった。

たとえば人々の集まる場所については、超高リスクの県では飲食店はテイクアウト営業のみとされ営業時間も12時までであったが、低リスク・中リスク・高リスクの県では屋内営業が19時まで認められた。また低リスク・中リスクの県では、プールなども9時から19時にかけて営業が許可された。結婚式にかんしても、高リスク・超高リスクの県では50名・1時間までの制限付きであったが、低リスク・中リスクの県では人数は100名までに緩和された。

外出制限については、全国的に平日の21時から5時までは継続されたが、高リスク・超高リスクの県は日曜日の外出は時間を問わず制限されたのに対し、低リスク・中リスクの県では週末も平日と同様の扱いであった。3月末に感染状況が悪化し高リスク・超高リスクの県が増加した際には、金曜夜から月曜朝にかけての外出制限が該当する県に限って実施された。

そして教育についても、県別の区分にしたがって一部の学校で対面授業が再開された。しかし4月には、未就学児と小学校・高等学校の最終学年を除く全国の学校が遠隔教育となり、5月中旬からは再度一部で対面授業が可能となるなど、一貫しない状況が続くこととなった。

(5) 第Ⅴ期（第3次強化期）

第Ⅳ期に導入された県別の対応も感染拡大には歯止めをかけられず、2021年4月中旬からはふたたび制限が強化されることとなった。4月14日から5月16日までは飲食店の屋内での飲食が禁止され、プールなども閉鎖された。

また4月14日から28日までは自家用車での都市間移動が禁止されるとともに、平日の外出制限が19時からに拡大され、週末の外出制限も全国で実施された。4月29日から5月17日にかけては、トルコで初めてとなる時間制限なしの外出制限、いわゆる都市封鎖が発令された（徒歩での生活必需品の購入を除く）。そして都市封鎖解除以降も、平日・週末ともに21時から5時までの外出制限が実施された。ただし5月16日からは、65歳以上のワクチン接種済の市民は制限から除外されるなど、ワクチン接種者に対する優遇措置も適用されるようになった。

(6) 第Ⅵ期（第3次緩和期）

2021年6月に入ると段階的な緩和に向けて調整されはじめ、飲食店は屋内での接客が可能となった。外出制限は平日は22時から5時まで、日曜日は終日の実施となった。そして7月1日からは、すべての外出制限が解除され、都市間移動も自由となった。9月6日からは、教育現場での対面授業が再開された。この頃から、ワクチン接種率が高くなるとともに発症者が低年齢化したことで、医療崩壊の危険性が低くなり、制限緩和の方向性が明確なものとなってきた。

12月中旬にCOVID-19の変異株の1つであるオミクロン株（Omicron variant）がトルコで確認されて以降も制限緩和は継続され、2022年3月からは屋外でのマスク着用義務やHESコードの提示義務が撤廃され、屋内でも社会的距離が確保されている場合には医療機関等を除きマスク着用が求められなくなった。また5月からは、公共交通機関や医療機関等を除き屋内でもマスク着用義務が撤廃された。

このように、トルコにおいても他国と同様、専門家らの提言を受けながら制限の強化と緩和を織り交ぜてCOVID-19対策を実施してきた。最初期（第Ⅰ期）にはさまざまな分野で幅広い制限が実施され、その後は感染状況にあわせて変更がくわえられた（図4-1、図4-2）。ただし、度重なる変更は人々に対応を強いることにもつながり、終わりの見えない状況とともに心身ともに疲弊させることとなった。第Ⅵ期以降の対策における変更の少なさは、それに対する反応ということもできるだろう。

3. 政策への国民の評価と不信・不安の増大

前節で述べたCOVID-19に対するエルドアン・AKP政権の政策は、とりわけ最初期の対応については国民から高く評価されたが、流行が長引くにつれて不満の蓄積が顕著となっていった。AREA社による調査では、エルドアン・AKP政権の対COVID-19政策について2020年4月には91.0%、翌5月には84.3%の人々が「成功」と回答していたが、その数字は次第に下降線をたどり、同年9月には59.4%、2021年1月には「成功」47.6%、「失敗」47.3%と僅差

図4-1　トルコにおけるCOVID-19新規発症者数・感染者数の推移（万名）

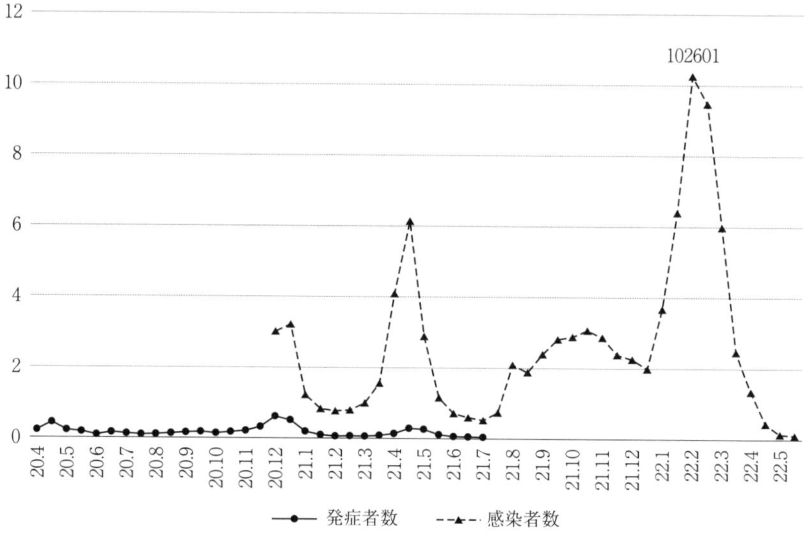

注：各月1日と15日の数値。感染者数は2020年11月25日から発表、発症者数は2021年7月5日から発表なし。
出典：トルコ保健省〈https://covid19.saglik.gov.tr/TR-66935/genel-koronavirus-tablosu.html〉最終閲覧日2022年6月30日。

になり、同年4月には「成功」39.5%に対し「失敗」55.6%と、「失敗」が逆転するにいたった（AREA 2021）。

国民からの評価の下落には、予想以上に長引き先行きが不透明な感染拡大状況と制限強化・緩和の繰り返しへの対応疲れが背景として想定されるが、これにくわえて政府への不信、そして経済状況への不安も大きな影響を及ぼしていると考えられる。

政府への不信は、公式発表への疑義というかたちで顕在化した。COVID-19に関連する数値は保健省が特設ウェブサイトを通じて公表していたが、2020年8月にイスタンブル広域市長・イマムオール（Ekrem İmamoğlu）とアンカラ広域市長・ヤヴァシュ（Mansur Yavaş）から、広域市で把握している数値と保健省発表の数値とのあいだに重大な齟齬があるとして、保健省の集計プロセスの不透明性と数値の誤りが指摘された。両広域市長とも野党第一党・共和人民党（Cumhuriyet Halk Partisi: CHP）の政治家であることから、従来からエル

図 4-2　トルコにおける COVID-19 新規死亡者数の推移（名）

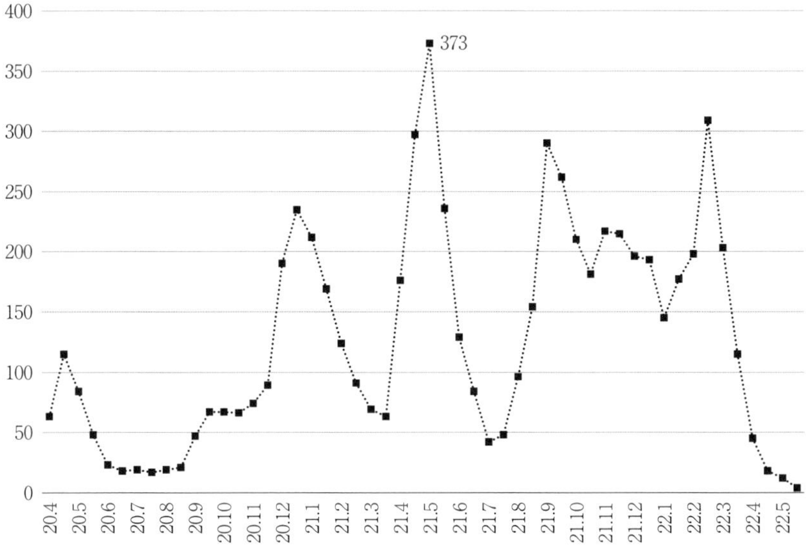

注：各月 1 日と 15 日の数値。
出典：トルコ保健省〈https://covid19.saglik.gov.tr/TR-66935/genel-koronavirus-tablosu.html〉最終閲覧日 2022 年 6 月 30 日。

ドアン・AKP 政権に好意的でなかった層はさらに不信感を強めることとなった。また保健省が、11 月下旬にはそれまで公表していた発症者数にかえて感染者数を採用、12 月中旬からは隔離期間満了者も累計回復者数に追加するなど、公表する数値にしばしば変更をくわえたことも批判の的となった。

公式発表についての MetroPoll 社の調査では、発症者数にかんする公式発表には透明性があり真実であると「考える」人々の割合は、2020 年 4 月では 62.3%（「考えない」は 30%）であったのに対し、同年 8 月には 36.2% まで低下、「考えない」（58.9%）が逆転した。直近の 2018 年議会選挙で与党 AKP や事実上の連立パートナーである民族主義者行動党（Milliyetçi Hareket Partisi: MHP）に票を投じた人々のあいだでも、「考える」は 60% に届いておらず、野党に投票した人々では 10〜20% 程度であった（MetroPoll 2020d）。

さらに、COVID-19 流行前からつづく経済状況の悪化が深刻になっていったことも、政府の評価に強く影響していると考えられる。トルコの経済は、各

図 4-3　実質 GDP 成長率の推移（前年同月比%）

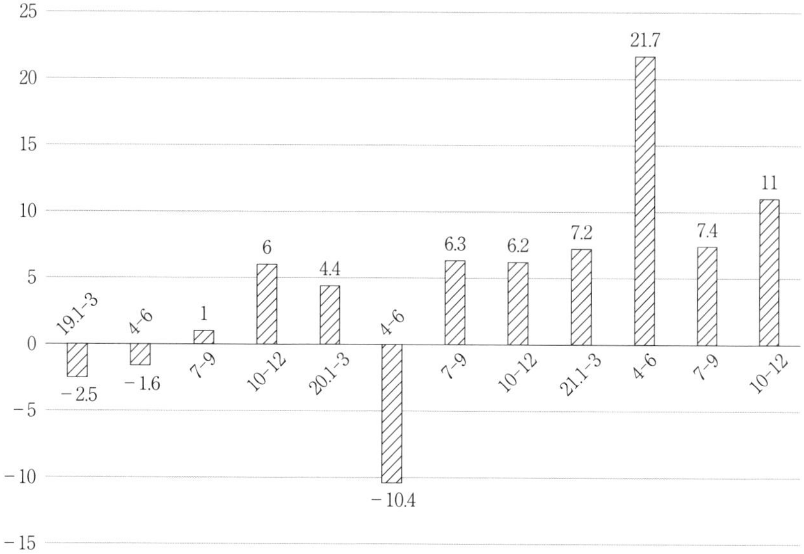

出典：トルコ統計機構〈https://data.tuik.gov.tr/Kategori/GetKategori?p=ulusal-hesaplar-113&dil=1〉最終閲覧日2022年6月30日。

種公式統計を作成するトルコ統計機構（Türkiye İstatistik Kurumu: TÜİK）の発表によると、2019年第1四半期にすでにGDP成長率がマイナス2.5%であり、その後徐々に持ち直して2020年第1四半期には4.4%にまで回復したものの、第2四半期にはマイナス10.4%にまで落ち込んだ（図4-3）。また失業率についても、2020年6月には13%を超え、2021年2月にもふたたび13%を超えるまで悪化した（図4-4）。このような状況は、かねてより経済に課題を感じていた国民にとっては、将来への大きな不安材料となった。

ただ、前述のCOVID-19の発症者数にかんする公式発表と同様、これらの数値に対する国民の信頼は高くなく、実際の状況はより悪いはずであると考えられている。たとえば、TÜİK発表の2020年3月失業率（13.2%）が「事実である」と考える人々は回答者のわずか15%であり、「（実際には）15～20%である」と考える人々は16.1%、「20～30%」は21.7%、「30～40%」は13.1%、そして「40%以上」と考える人々は26.7%にのぼった（MetroPoll 2020b）。そ

図 4-4　失業率の推移（%）

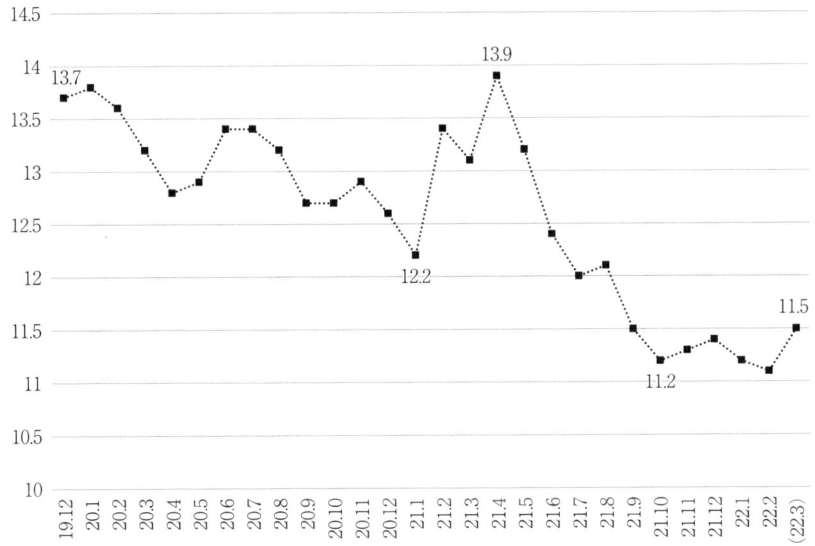

出典：トルコ統計機構〈https://data.tuik.gov.tr/Kategori/GetKategori?p=istihdam-issizlik-ve-ucret-108&dil=1〉
最終閲覧日 2022 年 6 月 30 日。

して COVID-19 流行による生活状況の変化を問う 2020 年 5 月の調査では、「これまで良かったものが悪くなった」という回答が 35.7%、「これまでも悪かったものがさらに悪くなった」が 26.0% であった（AREA 2020）。また、2020 年 10 月の調査では、経済の見通しが悪化していると回答した人々は 78.1% にのぼった（MetroPoll 2020e）。このことは、人々の実感としての経済状況の悪さを如実に表しているとともに、公式発表への強い不信感を示すものであるといえるだろう。

経済状況が苦しく感じられるなか、対ドル・対ユーロともにトルコ・リラ安が急速に進行したことも、人々の生活に大きなダメージを与えた。2020 年以降はおおむね 1 ドル＝8 リラで推移していたが、11 月 1 日には 9.5 リラを上回るようになり、12 月 20 日までに 1 ドル＝16 リラを超える事態となった。この状況は約 1 週間で 1 ドル＝10 リラ程度まで回復したものの、リラ安傾向は止まらず、2022 年 6 月には 1 ドル＝17 リラとなるにいたっている。また消費者

図4-5　消費者物価指数の推移（前年同月比%）

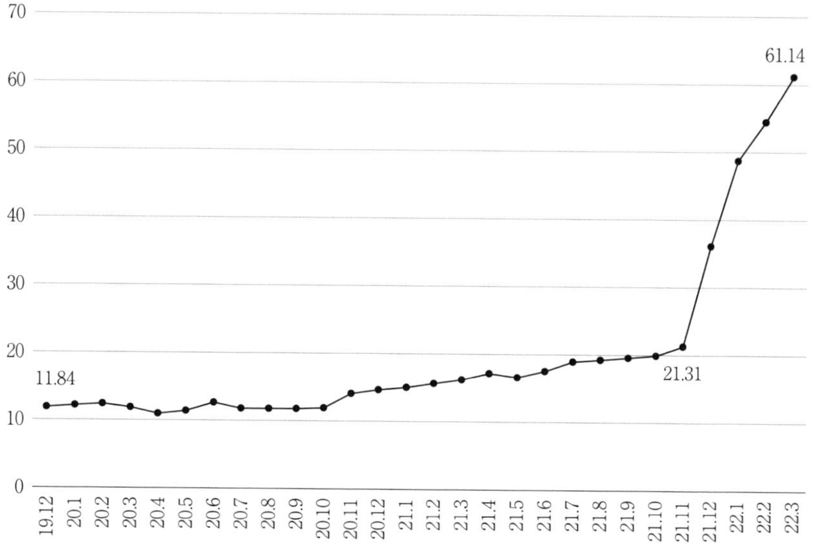

出典：トルコ統計機構〈https://data.tuik.gov.tr/Kategori/GetKategori?p=enflasyon-ve-fiyat-106&dil=1〉最終閲覧日2022年6月30日。

物価指数も2021年11月から急上昇しており、2022年3月には前年同月比で61.14%となった（図4-5）。

リラ安の進行は、政府が有効な対策を講じられていないという印象を与えるものであり、経済への直接的な影響だけではなく、国民のあいだの不信や不安を一層強めるものとなった。政府の経済政策に対する評価についての調査では、「成功していない」と評価する人々の割合は2020年5月から上昇をつづけており、2021年8月以降は70%を超え、「成功している」と評価する人々の3倍程度となっている（図4-6）。COVID-19流行下において、エルドアン・AKP政権は企業や小売業者・低所得者層などをターゲットとしたさまざまな経済支援を実施してきたが、人々の実感としてその効果は不十分であったと考えられる。

COVID-19に対するエルドアン・AKP政権の政策への国民の評価が下落している背景には、このような深刻な不信や不安が存在しているのである。

図 4-6 政府の経済政策に対する評価（%）

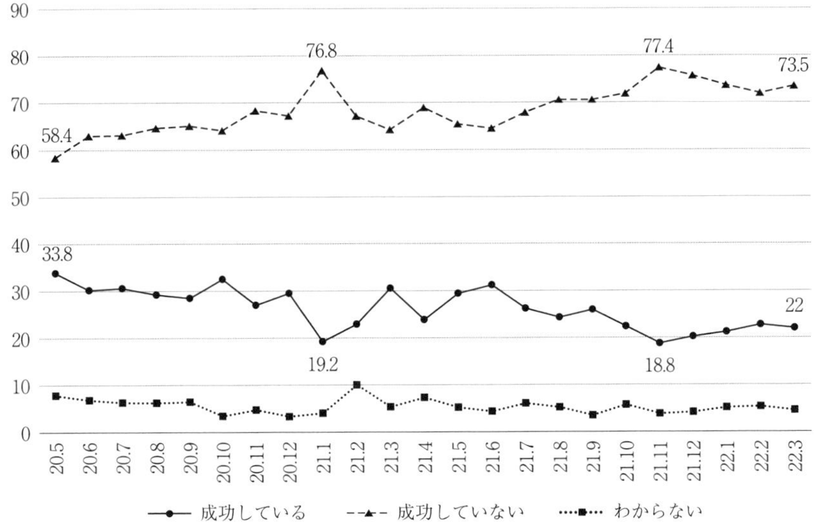

出典：AREA, *Türkiye Siyasi Gündem Araştırması*（*Mayıs 2020-Mart 2022*）

4. エルドアン・AKP 政権と野党勢力における変化および課題の顕在化

これまで述べてきたような状況は、エルドアン・AKP 政権と野党勢力との関係にどのような変化をもたらしたのだろうか。そこで生じた変化は、従来からトルコ政治に内包されていた課題にあらためて焦点があてられる過程として考えることができる。

ここでまず注目すべきなのは、2018 年から導入された大統領制への評価の変化である。トルコでは長らく議院内閣制が採用されていたが、2017 年改憲国民投票での承認を経て、執政権のほか立法権の一部も担う大統領が誕生した。この制度は「大統領政府制（Cumhurbaşkanlığı Hükümet Sistemi）」と称され（以下、とくに言及しないかぎり大統領制と表記）、さまざまな課題に迅速かつ効果的に対応できるとされた。

しかし、先に述べたように COVID-19 流行におけるエルドアン・AKP 政権

図4-7　国民投票が実施された場合に大統領制と議院内閣制のどちらを選ぶか（%）

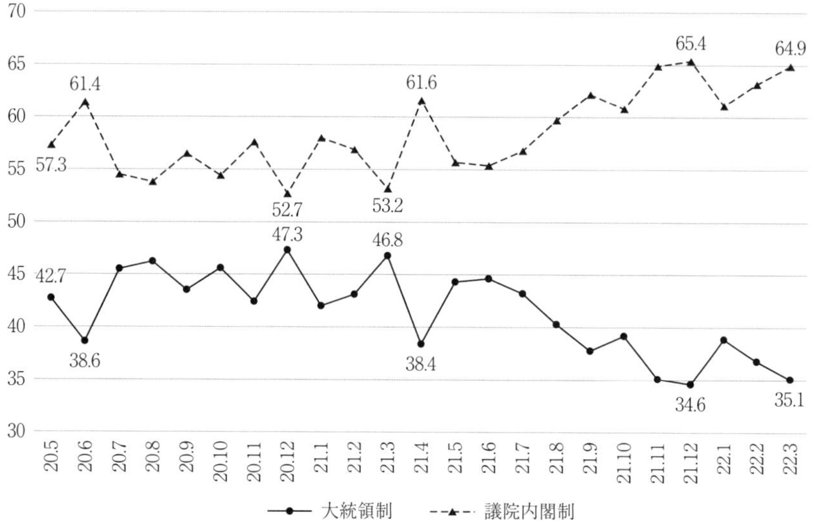

注：「未定／無投票」という回答を除外した割合。
出典：AREA, *Türkiye Siyasi Gündem Araştırması*（*Mayıs 2020-Mart 2022*）

の政策への国民の評価は高くなく、経済についても有効な手立てがあるようには感じられない状況がつづいてきた。さらに、2021年7月末から発生した大規模な森林火災においても、政府の対応の遅さに厳しい目が向けられるなど、大統領制の利点とされた迅速かつ効果的な対応力に疑問符が付く事態が連続した。

このため、COVID-19流行下においては、大統領制への支持は決して十分とは言えない状況にある。2020年1月の時点で、大統領制がトルコの諸課題を解決できると考えた人々は36.8%にすぎず（「考えない」は50.8%）、大統領制の導入にともなって生活条件や福祉水準が悪化したと考える人は61.6%、将来の不安が増したと考える人は58.2%にのぼった（MetroPoll 2020a; 2020c）。また、大統領制か議院内閣制かを問う質問では、大統領制を選択した人々の割合は2021年半ばまでは概して45%程度で推移していたが、同年6月頃から急速に低下、2022年3月には35.1%にまで落ち込んだ（図4-7）。

また、大統領制への評価は、次第にエルドアン大統領への評価にも波及して

図 4-8　エルドアン大統領の職務に対する支持率・不支持率（%）

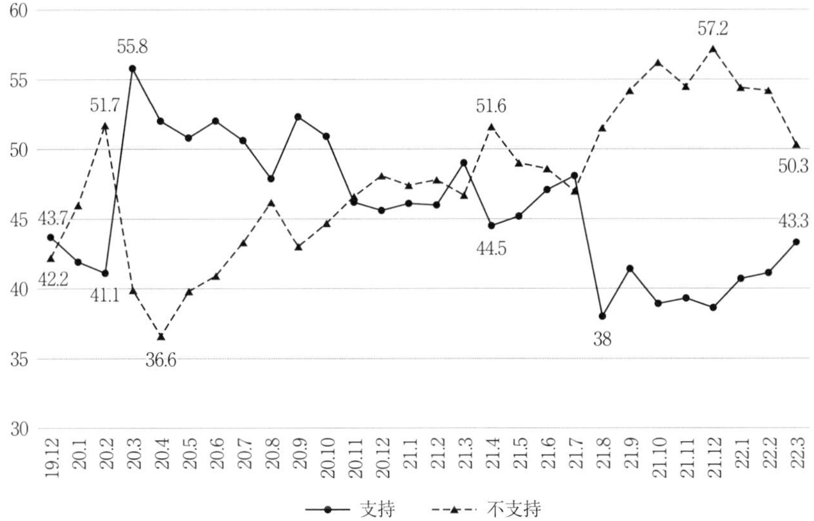

出典：MetroPoll, *Türkiye'nin Nabzı, Aralık 2019-Mart 2022*

いった。エルドアン大統領の職務に対する支持・不支持にかんする調査によると、COVID-19 流行下となっても 2020 年中はおおむね支持が不支持を上回り 50% 前後となっていたが、2021 年 7 月を境に不支持が急激に増加、支持すると回答した人々の割合が 40% 前後で安定したのに対し、不支持は 55% 前後と差が開いた（図 4-8）。2023 年に次期大統領選挙・議会選挙が予定されているなか、このような評価は再選を狙うエルドアン・AKP 政権にとってとくに厳しいものであるといえる。

エルドアン・AKP 政権やその政策への評価が低下しつつある状況において、主要野党は政府のあり方、すなわち執政制度を重要な争点として積極的に取り上げ、野党間の連携を模索し始めた。2018 年議会選挙以降のおもな野党勢力としては、野党第一党である CHP の他、MHP から離党したグループが結成し CHP と協力関係にある善良党（İYİ Parti: İP）が挙げられるが、元 AKP 幹部らがあらたに結成した未来党（Gelecek Partisi: GP）と民主主義進歩党（Demokrasi ve Atılım Partisi: DAP）も、連携の促進に一定の役割を果たした。

2019年12月に結成されたGPは、2009～2014年に外相、2014～2016年に首相であったダヴトオール（Ahmet Davutoğlu）が党首を務めている。ダヴトオールは首相時代に大統領制の導入などをめぐってエルドアンと衝突したとされ、2019年9月に離党、新憲法の制定や議院内閣制、少数言語教育の実現などを掲げてGPを設立した。一方のDAPは、2002～2015年に経済担当相・外相・副首相を歴任したババジャン（Ali Babacan）が2020年3月に結成した政党である。DAPは、GPと同様に議院内閣制を支持するともに、法の支配や報道の自由の確立、女性の権利の拡充やクルド問題・難民問題の解決を主張している。両党とも、現在のエルドアンやAKPの政策・手法に不満を持つ人々の受け皿として、各社の調査では約2%の支持を獲得している。

GP・DAPが掲げる議院内閣制は、従来の議院内閣制への単なる回帰ではないという意味で、「強化議院内閣制（Güçlendirilmiş Parlamenter Sistem）」という言葉で表現される。この「強化議院内閣制」は、CHPやİPといった既存の野党によっても言及されるようになり、議院内閣制を支持する際のキーワードとなった。2020年11月には、ダヴトオールとババジャンはそれぞれ野党各党党首と会談し、「強化議院内閣制」を核とした野党間連携の実現が目指された。

その最初の成果は、エルドアン・AKP政権への支持に大きな低下がみられた2022年にあらわれた。まず2月12日に、CHP・İP・GP・DAPと至福党（Saadet Partisi: SP）・民主党（Demokrat Parti: DP）の野党6党の党首が一堂に会し、「強化議院内閣制にかんする覚書」の作成で合意した。そして2月28日には、これら野党6党党首が共同会見を開き、「覚書」の内容を公表するとともにこれに署名し、これまでにない野党間連携をアピールした。「覚書」では、今日のトルコの社会的・政治的・経済的な危機の根源は大統領制とその下でのルールを無視した恣意的な行政であるとの強い批判がなされ、「強化議院内閣制」への移行が6党の共通かつ優先的な目標であるとうたわれた。

このような執政制度の転換を軸とした野党間連携は、COVID-19流行下で社会的・経済的課題を解消できずにいるエルドアン・AKP政権にとって、次期大統領選挙・議会選挙の障害となりうるものである。COVID-19への対応において大統領制のメリットを十分に示すことができず、人々の実感としての経済の悪化に歯止めをかけられない状況は、これまでも存在していたトルコの課題を顕在化させ、争点化させたということができるだろう。

5. 顕在化した政治的課題と今後の展望

トルコにおいては、COVID-19の流行が長期化するにしたがってエルドアン・AKP政権の対応についての国民の評価は低下していき、同時に、政府への不信や改善の兆しが見えない経済への不安が増大したことで、政権や執政制度に対する信頼や支持が損なわれていった。また、野党勢力が大統領制への批判と事実上の議院内閣制の復活を軸として争点化したことは、トルコがこれまで抱えてきた課題の顕在化というかたちで理解することができる。

この点においてCOVID-19の流行は、医療の側面のあらたな課題と並行して、政治の側面では既存の社会的・経済的課題を鋭く政府に突きつけるものであったといえるだろう。2022年5月末に筆者がトルコを訪問した際にはマスクを着用する人は街中ではほとんど見られず、外見上は「コロナ以前」とそれほど違わない状況であったが、COVID-19の流行が終息に向かわない限り政府は引き続き課題への対応力を示しつづける必要がある。

しかし、次期大統領選挙・議会選挙まで時間的余裕のないなか、国民の要望に十分に応えることは容易ではない。エルドアン・AKP政権は、政権存続という最大の目標のもとで支持がためと野党批判に注力し、それがトルコ社会の分断を加速させることも考えられる。さらには一層の権威主義化を招く可能性もあり、COVID-19の流行は今後のトルコ政治の行き先を左右する分岐点をもたらしているといえるだろう。

参考文献

AREA (2020) *Türkiye Siyasi Gündem Araştırması (Mayıs 2020)*.

AREA (2021) *Türkiye Siyasi Gündem Araştırması (Nisan 2021)*.

Koybasi, Serkan, Volkan Aslan, and Naciye Betül Haliloğlu. 2021. "Turkey: Legal Response to Covid-19," in Jeff King and Octávio L. M. Ferraz et al. (eds.), *The Oxford Compendium of National Legal Responses to Covid-19* (Oxford University Press, https://oxcon.ouplaw.com/home/occ19).

MetroPoll (2020a) *Türkiye'nin Nabzı: Ayın 5 Rakamı, Ocak 2020.*

MetroPoll (2020b) *Türkiye'nin Nabzı: Ayın 5 Rakamı, Haziran 2020.*

MetroPoll (2020c) *Türkiye'nin Nabzı: Ayın 5 Rakamı, Temmuz 2020.*
MetroPoll (2020d) *Türkiye'nin Nabzı, Ağustos 2020.*
MetroPoll (2020e) *Türkiye'nin Nabzı: Ayın 5 Rakamı, Ekim 2020.*
World Health Organization [WHO]. (2022) *Türkiye: WHO Coronavirus Disease (COVID-19) Dashboard With Vaccination Data* https://covid19.who.int/region/euro/country/tr

AREA・MetroPoll については、以下のウェブサイトおよびツイッターアカウントを参照した。
AREA (http://www.areaarastirma.com/、@areaarastirma).
MetroPoll (http://www.metropoll.com.tr/arastirmalar、@metropoll).

本章で参照したウェブサイトの最終閲覧日は、すべて 2022 年 6 月 30 日である。

第５章
国境をめぐる命と経済のジレンマ
――往来制限は正しい感染症対策なのか

小松志朗

1. ２人の怒れる大統領たち

車の運転中に県境を越えると、カーナビが「○○県に入りました」と音声で教えてくれる。筆者が普段の生活で都道府県の境界線を意識するのは、そんな時ぐらいだった。2019年までは――。2020年に日本で新型コロナウイルスの感染が広がり始めると、その境界線について考えることが増えた。なぜなら、政府や自治体が感染拡大を防ぐためといって、都道府県をまたぐ移動の自粛を人々に求めてきたからである。個人的には、神奈川県知事がラジオCM（県の広報）で訴えたメッセージが印象に残っている。「いまは神奈川に来ないでください！」

国境もまた、新型コロナを機に存在感を増した境界線である。2020年の流行の早い段階から、世界中の国々が続々と往来制限（渡航制限、出入国制限）を実施し、国境を閉ざした。まるで「いまは私たちの国に来ないでください！」という叫びが、あちこちから聞こえるようだった。ウイルスを運ぶのが人間なら、各国政府がウイルスの流入を防ぐために人の国際移動を止めることは、自然かつ合理的な反応といえるかもしれない。しかし、グローバル化の進む現代において、あれほど広範囲にわたり国境が閉ざされたことはない。その意味ではやはり異常事態だった。

そして、いま「自然かつ合理的な反応」と書いたが、国境を閉ざす往来制限という感染症対策がしばしば国際的な軋轢を招くのも事実である。たとえば2020年の前半、アメリカが始めた往来制限をめぐり同国と世界保健機関（WHO）の間で対立が起きた[1)]。正確には、ドナルド・トランプ（Donald J. Trump）大統領（当時）が一方的に喧嘩をふっかけたと表現すべきかもしれない。下の引用は、彼が5月にWHOのテドロス・アドノム（Tedros Adhanom Ghebreyesus）事務局長に送った書簡の一部である。読むとトランプの怒りを感じられるだろう。

> あなたは……、私が中国から来る人々に対してアメリカ合衆国の国境を閉じたこと、あるいは入国を禁じたことにどういうわけか反対しました。私はあなたの希望に構わず入国禁止を実施しました。他国の政府はあなたの発言に従って、命を救えたはずの中国発着便の制限を実施するのを遅らせたのですから、この問題に関するあなたの政治的な権謀術数は致命的でした[2)]。

その一年半後の2021年11月、南アフリカ政府が自国内で確認した新型コロナの新たな変異株（オミクロン株）についてWHOに報告すると、即座にアメリカやオーストラリア、EUなどが南ア（と周辺諸国）に対して厳しい往来制限を実施し、日本やイスラエルのように全ての外国人を対象に入国禁止を決めたところもあった。こうした動きを受けて、同国のシリル・ラマポーザ（Matamela Cyril Ramaphosa）大統領は次のような言葉で怒りを露わにした。「深く失望した」、「早急に決定を撤回し、渡航禁止措置を解除するよう求める」、「〔往来制限は〕不当であり、我が国と南部アフリカの国を不当に差別している」（『朝日新聞』2021年11月29日夕刊、10頁）。

トランプ大統領はWHOに怒り、ラマポーザ大統領は他の国々に怒った。な

1） この背景には今日の米中対立がある。新型コロナと米中対立の関係については、以下を参照。新垣 2021: 246-256；小松 2020；詫摩 2020: 141-146；詫摩 2021: 47-49。

2） トランプ大統領のテドロスWHO事務局長宛の書簡、同大統領のツイッター、2020年5月18日（最終アクセス、2020年8月1日）。

ぜ往来制限をめぐって2人の大統領が怒るのか。本章では、その要因や背景を探りながら、往来制限という感染症対策の是非について考えてみたい。

2. 往来制限の大流行

2020年は間違いなく、新型コロナのパンデミックが起きた年として歴史に刻まれる。あわせて覚えておきたいのは、往来制限も世界的に大流行したことである。最も厳しい制限である完全な国境封鎖を行った国・地域の数の推移をみると、早くも2020年3月中旬の時点で20近くに上り、そこから一気に増えて5月には130を超えてピークに達した（図5-1）。

当然、こうした往来制限の大流行は世界経済に大打撃を与えた。なかでも深刻だったのはツーリズム業界である。新型コロナの流行前を振り返れば、ツーリズム業界はとても勢いがあった。2019年に至る数十年間で、この業界は規模と成長速度の面で世界トップクラスの経済部門となり、同年の国際旅客数は15億人に上り、世界のGDPの4%を同業界が占めた（UNWTO 2021: 11-12）。

ところが新型コロナを機に状況が一変する。2020年の国際旅客数は前年から73%減り、ツーリズム業界の経済損失は2兆ドル、世界のGDPに占める割合は1.8%に下がった。このとき世界のGDPの損失は2.8兆ドルであり、2兆ドルの損失はその約70%にあたる。これは2009年のリーマンショックによる損失を大きく上回るものだった（Ibid: 17-18）。

もちろん人々が自分の判断で国際移動を控えたこともあるだろうが、往来制限の影響が大きかったのは間違いない（UNWTO 2020: 1; IATA 2020: 12）。各国政府は自国民の命を守るために、経済を犠牲にして往来制限に徹したのである。

とはいえ、厳しい往来制限はそう長く続けられるものではない。強化と緩和の切り替えやバランスは国ごとに様々だが、図5-1から分かるように、世界全体では早くも2020年の夏前には強化のピークが訪れ、そこからは緩和のトレンドが続いている。制限一辺倒から経済との両立へ、各国政府はそれぞれの判断で舵を切り始めたのである。

新型コロナの発生により、各国政府は国境をめぐる「命と経済のジレンマ」

図5-1　完全な国境封鎖をした国・地域の数（2020年3〜9月）

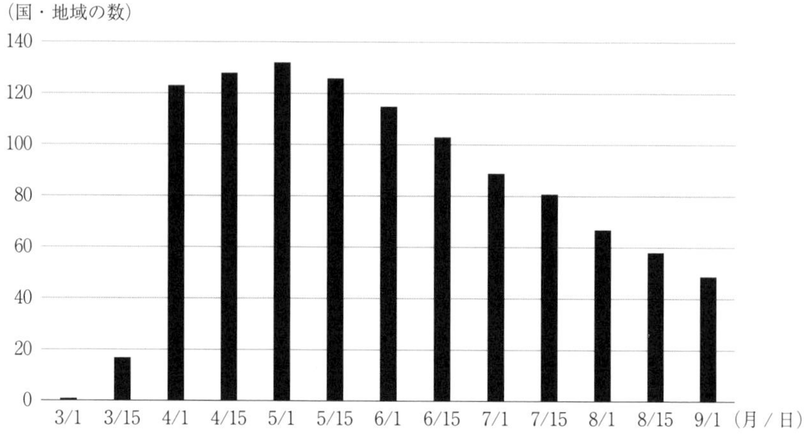

出典：Our World in Data（https://ourworldindata.org）のデータをもとに筆者作成。

に直面したといえるかもしれない。未知のウイルスが国境を越えて広がり始めると、政府は自国民の命を優先して国境を閉ざすか、それとも経済を優先して国境を開けたままにするのか、難しい判断を迫られる。2020年の前半は多くの政府が命を優先し、経済を犠牲にした。その後、時間が経つにつれ少しずつジレンマに対処する方法を見直し、命と経済の両立を探る段階に移ってきた。そんな風にまとめられそうである。

いや、そもそも国境をめぐる命と経済のジレンマなんてものが存在するのだろうか。考えてみてほしい。各国政府が命を優先し、経済を犠牲にして往来制限を始めたにもかかわらず、パンデミックは防げず、世界全体の感染者・重症患者・死亡者は膨大な数に上った。結局のところ、往来制限によって命も経済も救えなかったようにみえる。本来「ジレンマ」が意味するのは、相反する二つの事柄の間で板ばさみの状態になることなのだから、今回の往来制限の失敗を踏まえれば、ジレンマが存在するとの前提自体が疑わしくなってくる。

3. グローバル化を止めるな

ここで注目したいのが、先に登場した2人の怒れる大統領たちとWHOの関係である。アメリカのトランプ大統領がWHOに怒りをぶつけたのは、彼が自国民を守るために実施した往来制限をWHOが否定したからである。WHOのウェブサイトに掲載され、ときどき更新されてきた「往来に関する助言（Travel Advice）」は、2020年前半に新型コロナが世界中に広がる最中も、各国に往来制限の撤回を求め続けていた（WHO, Travel Advice, January 10, 2020; January 24; February 29）。ウイルスが外国から入ってくるのなら、それを止めるために国境を閉ざすことは一国のリーダーとして当然の判断であり、なぜWHOは反対するのか。トランプがそう思うのも無理はない。

一方、2021年後半に南アフリカのラマポーザ大統領が怒った相手は、自国を対象に往来制限を始めた他の国々である。この時、WHOは彼の意見に同調し、「往来に関する助言」において、「一律の往来禁止（blanket travel bans）は国際的な感染拡大を止められないうえ、命と生活に重い負荷をかけることになる（WHO, Travel Advice, November 30, 2021）」と、ここでも往来制限を控えるよう各国に呼びかけた。

読者の多くはWHOの主張に首をかしげるだろうが、これは今に始まったことではない。もともとWHOは往来制限に反対の立場であり、過去の感染症の事例でもそこははっきりしていた（小松 2017; 2020; 2022）。

WHOの考えを理解するには、WHOと加盟国が感染症対策で協力する際の方法や義務を定めた国際保健規則（International Health Regulations: IHR）が参考になる。同規則は2005年に改定された際、いわば「往来制限の制限ルール」を明確に定めた。すなわち、たとえ感染症の拡大を防ぐためであっても、人の国際移動をむやみに制限してはならないことを原則として明記し、加盟国がどうしても制限をしたいときにクリアすべき諸条件を具体的に定めたのである（小松 2020: 101）。人の国際移動がウイルスを世界に広げるのは事実だが、IHRは往来制限を感染症対策として推奨せず、むしろ「グローバル化を止めるな」というメッセージを発している。WHOはこのIHRに則って行動しているのである。

なぜWHOとIHRは往来制限を否定するのか。これには科学的な理由と政治的な理由がある。前者は、往来制限は効果が低いことである。意外に思われるかもしれないが、疫学の世界では従来そのような見解が一般的であり、専門家の観点から有効な感染症対策として推奨されることはなかった（小松 2020: 101-102; 2022: 126-127）。

往来制限にさほど効果が期待できない理由について、ここで深く立ち入る余裕はないが、たとえば人の国際移動（と国内移動）のパターンが極めて複雑であること、各国の地理的・政治的な事情により様々な抜け穴が存在すること、実際に入国を 100% 止めるのは難しいことなどが挙げられる。理由はともあれ、重要なのはこの対策の科学的評価が実は高くなかったことである。

WHO と IHR が往来制限を否定する政治的な理由は、それが国際協調を妨げることである。先述のように、南アフリカ政府がオミクロン株の発見を WHO に報告し、国際社会と情報を共有した途端、同国は他国から厳しい往来制限の対象にされた。当時、WHO のアフリカ地域事務局長はこの動きについて、「オミクロン株が世界の複数の地域で発見されている今、アフリカを標的とした渡航制限は世界の連帯を攻撃するものだ」と批判した（BBC News Japan, 2021 年 11 月 29 日[3)]）。南アの外務省も次のような声明を出している。「優れた科学は罰せられるのではなく、称賛されるべきだ〔。〕……〔各国の往来制限は〕南アフリカの優れたゲノム解析技術や、新しい変異株を他国より素早く検知する能力を罰しているに等しい（同上、2021 年 11 月 28 日[4)]）」。確かに、自国の感染状況を正直に世界に伝えた国が罰せられるようでは、国際協調は望めない。

少し言葉を補うと、往来制限は国際社会における報告・情報共有を妨げかねないのである（小松 2022: 130-136）。南アのように、自国の感染状況について報告・情報共有を積極的に行った国が多大な不利益を被るようなことになれば、他の国々は報告・情報共有を躊躇する可能性が高くなる。そうなると、WHO も各国政府も正確な情報を素早く得られなくなり、有効な感染症対策を講じるのが難しくなる。つまり、勝手な往来制限が横行すれば「正直者が馬鹿をみる」状況が生まれ、それが情報面の国際協調を難しくして、ひいては世界全体の感染症対策の基盤を弱めるのである。

3）〈https://www.bbc.com/japanese/59456033〉（最終アクセス 2022 年 4 月 5 日）
4）〈https://www.bbc.com/japanese/59448885〉（最終アクセス 2022 年 4 月 5 日）

この懸念は決して理論上の話ではなく、実際にそれが現実の問題となった歴史の教訓があり、だからこそIHRは2005年の改定で「往来制限の制限ルール」を確立したのである（同上：130–138）。20世紀の後半、自国内で感染症をみつけた政府が往来制限の対象にされるのを恐れて情報を隠したせいで、WHOの活動が制約され、結果として有効な感染症対策を打てないケースが多発した。この問題を克服し、「正直者が馬鹿をみる」状況を終わらせることが、IHR改定の眼目の一つだったのである。

以上の科学的・政治的理由により、WHOとIHRは基本的に往来制限を否定する。その立場からすれば、国境をめぐる命と経済のジレンマなるものはそもそも存在しない。グローバル化を止めずに命も経済も両方追求することが、科学的にも政治的にも結局は合理的な感染症対策となる。

ところが現実には、2005年にIHRが改定された後も多くの国々が往来制限に走る状況は変わらず、新型コロナの事例では過去に類を見ないほどの規模で往来制限が大流行した。WHOの助言や勧告に構わず加盟国が往来制限を実施するという構図は、もはや当たり前のものになってしまった。

4. 科学と政治のギャップ

ここまでの話の前提にあるのは、「往来制限の効果は低い」との科学的知見である。ただし、厳密にいえば低いとはいってもゼロではなく、多少の「時間稼ぎ」ならできないわけではない。さらに新型コロナの事例では、ニュージーランドのように迅速かつ厳格な往来制限により国内の流行を防いだところもある[5)]。WHOも、新型コロナ対策としての往来制限を否定する際に、「ただ、国際的な結びつきがほとんどなく対応能力も限られているといった特殊な条件下では、人の移動を制限する措置が一時的に有効かもしれない（WHO, Travel Advice, February 29, 2020）」と、例外的に認めることもあった。

5）ただし、ニュージーランドはロックダウンなど国内でも厳しい対策をとっており、往来制限だけで新型コロナを封じ込めたわけではない。なお、同国は2021年10月以降、国内での感染拡大を受けてゼロ・コロナ政策を断念し、往来制限も段階的に緩和を進めている。

そこで気になるのは、ニュージーランドの成功例が「モデル」なのか「例外」なのかということである。これに対する科学の回答によっては、今後の往来制限のあり方は大きく変わり得るが、いまのところは「例外」と考えた方が良さそうである。新型コロナ対策に関する疫学の研究をみる限り、ニュージーランドの往来制限（を含む対策）それ自体を高く評価する論文はあるものの（Patel and Sridhar 2020）、その成功事例をもとに何か一般的な知見を導き出すものは見当たらない。つまり、同国の個別事例が科学の一般的知見を覆すことにはなっていない。

しかし、科学の世界で往来制限に対する風向きが変わったのも事実である（小松 前掲論文：146–148）。すなわち、新型コロナの事例をもとに往来制限の効果を肯定的に評価する論文が出てきており、研究動向に変化の兆しが現れている（Burns et al. 2021; Singh et al. 2021; Grépin et al. 2021; Haug et al. 2020; Russell et al. 2021）。その中のある論文によれば、今後は「往来制限の効果は低い」という従来の認識を改め、「どのような感染症なら往来制限が効果を発揮するのか」を考える必要があるという（Grépin et al., *op. cit.*: 14）。ただし、往来制限に対する否定的な見方は根強いし（Mendelson et al. 2021; Kucharski et al. 2022）、効果があるとする研究にしてもエビデンスが乏しいといわれる（Burns et al. *op. cit.*: 30; Grépin et al. *op. cit.*: 12–13）。いま往来制限に関する従来の科学的知見は見直しを迫られているが、まだ結論は出ていないようである。

この点に関して、新型コロナに関する国際社会の対応を検証したWHOの委員会の報告書が注目に値する（WHO 2021b）。2009年の新型インフルエンザ、2014年のエボラ出血熱の時にも同じような組織が発足し、それぞれ報告書をまとめた（WHO 2011; 2015）。往来制限の問題に着目してこれらの報告書を読み比べると、重要な違いが浮かび上がる。過去の2事例の報告書は、多くの国々がWHOとIHRに従わず往来制限を実施したことを重大な問題として批判していたが（小松 2017: 42–45）、今回の報告書にはそのような批判が見当たらない。むしろ、有効な往来制限のあり方を探るようWHOに促す内容になっている。新型コロナを機に、往来制限をめぐる議論の方向性が変わったことは間違いない。

しかし政治の世界に目を向ければ、先述の南アフリカのラマポーザ大統領と外務省の言葉が示唆するように、往来制限が報告・情報共有のインセンティブを下げ、国際的な感染症対策を妨げるリスクは昔もいまも変わらない。すなわち、WHO が往来制限を否定する科学的理由が揺らいでいるのとは違い、政治的理由はいまも確固としてある。世界的に有名な医学誌の『ランセット』は、南アに対する往来制限を次のように批判する論考を掲載した。

> 2021 年 11 月、南アフリカの科学者は新型コロナウイルスの最新の変異株の変化と遺伝子配列について分かったことを、素早く透明性をもって〔WHO や他国と〕共有した。この寛容さと開放性は賞賛されるどころか、往来禁止が逆の効果をもたらし、保健対応、経済、移動の自由に打撃を与えるだろう。この状況は南アフリカのような国々を難しい立場に追い込み、そして今後の情報共有の意志を脅かしかねないし、世界の連帯も弱めかねない。繰り返しになるが、南アフリカと他の南部アフリカ諸国は烙印を押されてしまったし、これから情報共有の報いとして経済・社会面で重い代償を払わされることにもなる。この経験もまた、今後の他の国々の行動に悪影響を与える可能性がある（Mendelson et al. 2021: 2212）。

以上のことから、感染症対策としての往来制限について、21 世紀の科学的知見と 20 世紀の政治的教訓の間にギャップが生じる可能性は否定できない。これは WHO からすれば厄介な状況だろう。もし科学的にみて往来制限に効果があるとなれば、つまり国境を閉ざせば自国民の命を救えるとなれば、各国政府はますます往来制限に走る一方、WHO はそれを否定しにくくなる（小松 2022: 146-148）。WHO にとって、新型コロナの前は存在しなかったはずの命と経済のジレンマが、いま姿を現そうとしているのかもしれない。

実際、WHO の立場は変わったのか。2021 年 1 月に WHO が出した勧告にはこう書かれている。「感染拡大を抑える手段として往来禁止を使うべきか否か、いつ使うべきかについては、慎重な検討をするべきである。その決定は最も確かなエビデンスに基づくべきである（WHO 2021a）」。基本的に往来制限を否定する立場は崩していないものの、断定は避けて言葉を慎重に選んでいるように感じられる。他方で、先に見たように、2021 年にオミクロン株をめぐって往来制限が国際的な争点になったとき、WHOは改めてそれを否定した。WHOの立場はまだ大きくは変わっていないようである。

国家の側に目を向ければ、逆に往来制限をためらう理由が新たに一つはっきりしたのも事実である。それは往来制限の持続可能性の問題である。第２節でみたように、新型コロナの流行初期から世界中の国々がこぞって厳しい制限を始めたが、早くも2020年の夏前にはピークを迎え、世界のトレンドは緩和に移った。そこには経済の観点からみた持続可能性の問題が関係する。命と経済のジレンマに直面する（と考える）各国政府は、まず命を優先する観点から往来制限を開始・強化するが、時間の経過とともに経済活動の再開、すなわち命と経済の両立に軸足を移していく。そうなると、今度はいかに緩和するかが重要な政治課題になる。往来制限に関する中長期的な課題は、強化と緩和のバランスなのである[6)]。

もともと専門家の間では、往来制限の効果は多少あるとしても長続きしないとの見方が一般的であり、それは最新の研究でも変わらない。従って、もし往来制限に高い効果があるとなって命と経済のジレンマが姿を現しても、それは短期的な問題であり、中長期的には意味が薄れていき、いずれは「命も経済も」が正しい選択になる。言い換えれば、国境を閉ざすことの科学的合理性は時間の経過とともに下がっていく。

果たして、往来制限の是非をめぐる国際的な議論は今後どう展開するのだろうか。往来制限に否定的な立場を貫いてきたWHOは、科学的知見の変化により立場の見直しを迫られるかもしれない。一方、WHOが反対しても往来制限を続けたい各国政府にとって、科学的知見の変化は追い風だが、持続可能性の問題は経済の観点から無視できない。そして、情報面の国際協調に関する20世紀の政治的教訓はいまも変わらず重要である。このように往来制限をめぐって諸々の要素が複雑にからみ合うなか、果たして何が正解なのか。国際社会は複雑な方程式に直面している。

6）　鈴木は、IHRの特徴の一つとして、「感染症の拡大が世界中に及びしかも収束まで数年以上の長期間にわたる状況を……想定していないこと」を挙げる（鈴木 2021: 78）。だとすると、持続可能性の問題は往来制限に限らず感染症対策全般に関わるものだといえる。

5. 次はどうする？

2020年の新型コロナのパンデミックを機に、どの国も国境に対する意識が強まったのは間違いない。「グローバル化を止めるな」というIHRのメッセージやWHOの呼びかけも空しく、あっという間に往来制限の波がグローバルに広がった。この事実は重要である。人の国際移動はいずれコロナ前の水準に戻るにしても、国境管理が厳しくなる傾向はコロナ後もある程度残るのではないか。それは本質的には国家の強化でもある。岩崎は次のように指摘する。「国家は、COVID-19の感染拡大により、これまでよりも存在感を増した。……COVID-19の感染が広がりをみせなかったならば、国家の強化は起こり得なかったかもしれない（岩崎 2020: 93）」。

それでは今後、国際社会は単に往来制限一辺倒になるのかといえば、そうとも言い切れない。21世紀の科学の世界において往来制限の評価が変わりそうな気配はあるものの、情報面の国際協調に関する20世紀の政治的教訓は消えていない。また、往来制限が持続可能性の面で大きな限界を抱えていることも露わになった。新型コロナの経験を経て、国境管理に対する国際社会の認識が変容したのは確かであるにせよ、その中身はニュアンスに富んでおり、往来制限の単純な厳格化が唯一の道ではない。

将来、新型コロナのような感染症がまた世界に広がり始めたら各国政府はどう動くのか、是非注目して欲しい。恐らく、最初のうちはやはり多くが厳しい往来制限を実施するだろう。その背景には、ウイルスの流入に不安を感じる一般市民の存在もある。2021年に南アフリカでオミクロン株が確認された後、日本政府は往来制限を強化した。図5-2は、それに関して2つの新聞が実施した世論調査の結果である。

さて、読者のあなたはどうだろう。未知のウイルスが人の国際移動に伴い外国から日本に迫ってくるとき、政府に国境を閉ざすよう求めるのか、求めないのか。「いまは私たちの国に来ないでください」と思うのか、それとも「グローバル化を止めるな」と思うのか。

図5-2　日本政府の往来制限に関する世論調査

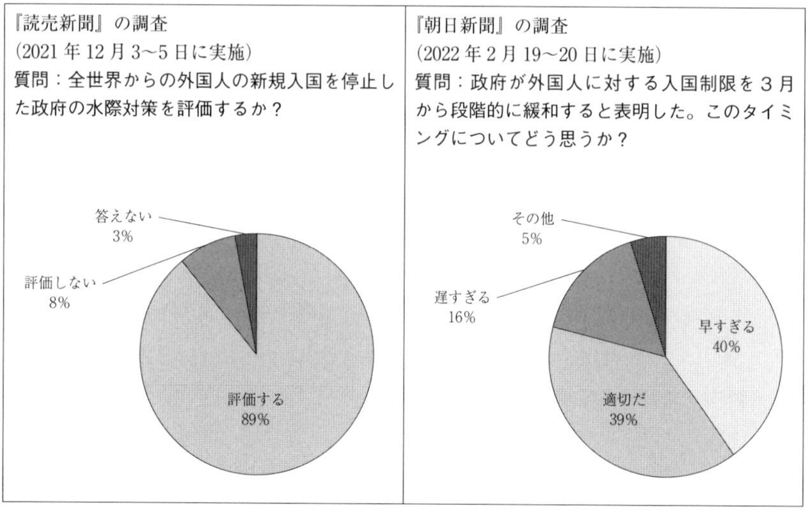

出典：『読売新聞』2021年12月6日、1、9頁と『朝日新聞』2022年2月22日、4頁の記事をもとに筆者作成。質問文は一部変えてある。『朝日新聞』の円グラフの「その他」は、記事では省略されている部分を便宜上書き加えたものである。

※本稿は、JSPS科研費JP17KT0119の助成を受けた研究「感染症対策における人の国際移動の管理：国際関係論と理論疫学による学際的研究（基盤研究C)」の成果の一部である.

参考文献

Burns, J. et al. (2021) 'International Travel-Related Control Measures to Contain the COVID-19 Pandemic: A Rapid Review (Review),' *Cochrane Database of Systematic Reviews 2021*, 3: 1-35.

Grépin, Karen A. et al. (2021) 'Evidence of the Effectiveness of Travel-Related Measures during the Early Phase of the COVID-19 Pandemic: A Rapid Systematic Review,' *BMJ Global Health*, 6: e004537.

Haug, Nils et al. (2020) 'Ranking the Effectiveness of Worldwide COVID-19 Government Interventions,' *Nature Human Behaviour*, 4: 1303-1312.

International Air Transport Association (IATA) (2020), *Annual Review 2020*.

Kucharski, Adam J. et al. (2022) 'Travel Measures in the SARS-CoV-2 Variant Era Need Clear Objectives,' *The Lancet*, 399 (10333): 1367-1369.

Mendelson, Marc et al. (2021) 'The Political Theatre of the UK's Travel Ban on South Africa,' *The Lancet*, 398 (10318): 2211-2213.

Patel, Jay and Devi Sridhar (2020) 'We Should Learn from the Asia-Pacific Responses to COVID-

19,' *The Lancet Regional Health - Western Pacific*, 5: 1-2.
Russell, Timothy W. et al. (2021) 'Effect of Internationally Imported Cases on Internal Spread of COVID-19: A Mathematical Modelling Study,' *The Lancet Public Health*, 6 (1) : e12-20.
Singh, Sudhvir et al. (2021) 'How An Outbreak Became A Pandemic: A Chronological Analysis of Crucial Junctures and International Obligations in the Early Months of the COVID-19 Pandemic,' *The Lancet*, 398 (10316) : 2109-2124.
World Health Organization (WHO) (2011) *Implementation of the International Health Regulations (2005)*, Report of the Review Committee on the Functioning of the International Health Regulations (2005) in Relation to Pandemic (H1N1) 2009.
World Health Organization (WHO) (2015) *Emergencies Preparedness, Response*, Report of the Ebola Interim Assessment Panel.
World Health Organization (WHO) (2021a), 'Statement on the Sixth Meeting of the International Health Regulations (2005) Emergency Committee regarding the Coronavirus Disease (COVID-19),' 15 January.
World Health Organization (WHO) (2021b), *WHO's Work in Health Emergencies: Strengthening Preparedness for Health Emergencies: Implementation of the International Health Regulations (2005)*, Report of the Review Committee on the Functioning of the International Health Regulations (2005) during the COVID-19 Response.
World Tourism Organization (UNWTO) (2020) *World Tourism Barometer*, 18 (6).
World Tourism Organization (UNWTO) (2021) *The Economic Contribution of Tourism and the Impact of COVID-19*.
新垣修 (2021)『時を漂う感染症――国際法とグローバル・イシューの系譜』慶應義塾大学出版会。
岩崎正洋 (2020)「COVID-19 と公共政策学」『公共政策研究』第 20 号、87-97 頁。
小松志朗 (2017)「世界政府の感染症対策 ―― 人の移動をめぐる国境のジレンマ」大庭弘継編『超国家権力の探求 ―― その可能性と脆弱性』南山大学社会倫理研究所、25-59 頁。
小松志朗 (2020)「国際政治の視点から考える感染症対策 ―― COVID-19 めぐるアメリカ、WHO、中国の関係」『公共政策研究』第 20 号、98-108 頁。
小松志朗 (2022)「WHO・IHR 体制における感染症対策としての往来制限 ―― ペスト、SARS、COVID-19」岩崎正洋編『グローバル化とポスト・グローバル化』ナカニシヤ出版、123-153 頁。
鈴木淳一 (2021)「世界保健機関 (WHO)・国際保健規則 (IHR) の機能 ―― 新型コロナウイルス感染症 (COVID-19) の場合」『国際法外交雑誌』第 120 巻第 1・2 合併号、75-86 頁。
詫摩佳代 (2020)『人類と病 ―― 国際政治から見る感染症と健康格差』中公新書。
詫摩佳代 (2021)「感染症への国際的対応の歴史」『国際法外交雑誌』第 120 巻第 1・2 合併号、42-51 頁。

第6章
COVID-19拡大下における貿易政策
――貿易措置と政治体制の関係

羽田　翔

1. COVID-19と国際貿易

(1) 制限された医療関連品貿易

新型コロナウイルス感染症（COVID-19）の流行により、各国政府は迅速な対応を求められた。特に、ヒト・モノの国際的移動を制限する政策が施行された。COVID-19が国際的なモノの動き、つまり国際貿易に与えた影響は主に2点ある。

1つ目は、COVID-19の蔓延によって各国は移動制限やロックダウンを実施し、さらに世界全体の需要が停滞したため、企業は工場の操業停止や、最悪の場合は倒産に追い込まれた点である。各国の生産活動が停滞したことで部品などの調達が困難になり、国際的な生産体制は機能しなくなっていった。半導体などの部品不足はパソコンや自動車などの納期を大幅に遅らせ、コロナ禍の前まで活発であった国際的な取引は縮小していった。COVID-19の蔓延によって旅行客の移動なども制限されたため、旅客機の便数も大幅に減少し、国際的な物流も影響を受けた。その結果として発生した国際輸送費用の増加も貿易を減少させる要因となっていた。世界貿易機関（World Trade Organization: WTO）によると、2020年の世界貿易は前年比で約－5%の減少であった。しかし、2021年は前年比で約8%増加し、回復の兆しを見せている[1)]。

2つ目は、医療関連品貿易の制限措置についてである。モノの貿易に関しては、過剰な制限は自由貿易や国際分業の恩恵を消失させる危険性がある。たとえば、中国はPCR検査用キットや医療用マスクについて、輸出制限措置を導入した。アメリカは特定の国と財を対象に、輸入時の認証を強化した。これらの対応は、財の品質を保証するという意味においては必要であるが、医療関連品の貿易を制限してしまうという負の側面も含んでいる。このような、国際貿易に影響を与える関税以外の政策は、非関税措置（Non-Tariff Measures: NTMs）と呼ばれている（UNCTAD and the World Bank 2018）。この非関税措置の導入は、結果として危機時の対応を遅らせたり、日常生活の質を低下させたりしてしまう危険性がある（Friedman 2020）。

医療関連品貿易に関する非関税措置の導入は、命と経済の両面に関わる重要な問題である。医療用マスクや、COVID-19用ワクチンの国際的な流通を不必要に阻害することは、命の危険に直結する危険性があることは言うまでもない。さらに、医療関連品が国外から入手できないためにマスクなどを自国で生産するといった議論も出たが、元々は適材適所で国際的な分業体制が確立されていたことを考慮すると、マスク生産などの国内回帰は世界全体の経済を非効率にしてしまう危険性がある。

さらに、このような貿易を制限する措置の導入は、導入する国とそうでない国の間で対立が発生してしまうことが問題となる。危機時に新たな非関税措置を導入する国もあれば、COVID-19感染者数拡大が顕著であっても新たな非関税措置を導入しない国もあった。これらの国々にはどのような違いがあるのか。今後発生すると考えられる新たな危機に備えるためにも、どのような国が危機時に保護主義に傾くかを明らかにすることが求められている。

本章では、医療関連品貿易に対する貿易措置を概観し、医療関連品の国際的な供給が制限されたことで命にも経済にも深刻な影響を与えた点について考える。また、どのような国がコロナ禍において貿易制限措置を積極的に導入し、継続的に国際的な医療関連品の取引を制限していたのかについて、経済規模や政治体制などの観点から議論する。

1） 経済産業省『通商白書2021年版』。

(2) 国際的な医療品の供給

COVID-19感染拡大期では、医療関連品の流通は必要不可欠であり、国内外の取引がスムーズに行われる必要がある。医療関連品とは、医療機器（Medical equipment)、医療用品（Medical supply)、医薬品（Medicine)、個人用防護品（Personal protective product)、ワクチン（Vaccine）を意味する。2020年は、一般的な貿易額は減少傾向にあったが、COVID-19対策のために医療関連品貿易は増加傾向にあった。WTOによると、2020年の医療関連品貿易の輸出入総額は前年比で約16%の成長となっており、国際的な医療関連品供給の必要性が浮き彫りとなっていることがわかる。しかし、現実には、2020年1月から2021年12月までに導入された医療関連品への貿易制限措置数は350以上となっており、国際貿易を阻害していることが予想される[2)]。

貿易制限措置の特徴は、主に輸入の自由化と輸出規制の厳格化である。各国は医療関連品の輸入に関する規制を緩和することで医療関連品の輸入を促進させ、国内供給量の増加を試みた。また、医療関連品生産国は国内供給確保のために輸出制限措置を加速させた。この議論は、ワクチンの国際供給においても顕著であった。イギリスのアストラゼネカ社がEU域内で生産したワクチンを自国へ優先的に輸出していることに対して、EU側が域内へのワクチン供給の遅延を背景に輸出許可制度を導入したことは有名な話である。EUはアストラゼネカ社と事前購入契約を締結していたが、イギリス国内でのブースター接種などが優先されていることが背景にあった。2021年1月31日に導入された輸出許可制度は、2021年12月末まで延長されていた。

医療関連品やワクチンについての保護主義はどのように考えるべきであるか。従来の保護貿易主義に関する問題は自国産業の保護や関税収入の議論が中心であったが、コロナ禍での問題は主に輸出制限措置であった。この輸出制限措置の導入については、感染者数や死者数が影響していることは間違いないが、感染者数や死者数が多くとも医療関連品の輸出規制を導入しない国も存在している。この点については第2節にて詳細に考える。

医療関連品の保護主義は、医療関連品へアクセスできない点以外に、世界全

---

2) Global Trade Alert (最終閲覧日：2022年4月10日).

体の効率性を低下させる点にも問題がある。つまり、命に対しても経済に対しても悪影響であることが考えられる。次項ではこの点について考える。

(3) 自由貿易の恩恵

一般的に、経済学は自由貿易体制から得られる恩恵に注目しているが、国際貿易論が説明する自由貿易の利益は主に3点存在する。

1点目は、自由貿易を前提とした伝統的貿易論が説明する生産者と消費者の利益である。各国の比較優位に基づき効率的な資源配分を行うことにより得られる生産者側の利益と、貿易開始によって新たな財が消費可能となる消費者の利益が存在する。

2点目は、新貿易理論が説明する貿易の利益である。独占的競争モデルと貿易の可変費用の存在を仮定し、貿易を行うことにより、規模の経済性による生産の効率化（生産者の利益）と、より多種多様な製品が消費可能となる（消費者の利益）といった利益を受けられることを説明している（石瀬 2012）。

3点目は、新々貿易理論が説明する貿易自由化の利益である。貿易開始および貿易額の決定要因として、Melitz（2003）モデルにおいても提示されているように、輸出の固定費用および可変費用が存在する。輸出に関する固定費用は製品の技術的適合や現地での流通経路の確保など、可変費用に関しては関税および非関税障壁（必要な書類の枚数、適合証明書等）などである。この輸出に関する固定費用を支払える水準の生産性を有する企業が輸出市場へ参入することが示されており、輸出の固定費用の低下は輸出市場に参入する企業の生産性の閾値を低下させることにつながる。つまり、より多くの企業が輸出市場へ参入する。また、関税や非関税措置に代表される貿易の可変費用の低下に関しても同様であり、企業の輸出市場への参入確率および貿易額の増加を促進させることが予想される。全ての国が貿易自由化を行った場合、新たな輸出企業の参入と、輸入品との競合により、国内市場から撤退する企業が発生し、より生産性の低い企業から生産性の高い企業へ資源が再配分される。結果として、産業全体の効率性は上昇し、これが経済成長の源泉となることが示されている。

医療関連品については、特に1点目と2点目の利益が重要となる。つまり、適材適所で医療品を生産し、国際的に普及させることが求められていたが、この利益が失われていた可能性がある。

次節では、COVID-19 感染拡大期に新たに導入された貿易制限措置について、その分類と特徴について考える。

2. COVID-19 感染拡大期における貿易措置

(1) 貿易措置の種類

COVID-19 感染拡大期において、さまざまな種類の貿易政策が導入された。輸出・輸入それぞれについて、導入された政策の意味について理解するために、自由化と制限措置の中身について考える。

まず、輸入に関しては輸入禁止（Import ban）、輸入関税（Import tariff）、輸入関税割当（Import tariff quota）、輸入許可要件（Import licensing requirement）、輸入品に対する国内課税（Internal taxation of imports）、アンチダンピング（Anti-dumping）、輸入に関するその他の非関税措置（Import-related non-tariff measure）が措置として含まれている。2020 年 1 月から 2021 年 12 月までに新たに導入された輸入自由化措置 313 件のうち、輸入関税撤廃（192 件）、輸入品に対する国内課税（80 件）、輸入許可要件（20 件）が大きな割合を占めている。また、輸入制限措置 70 件のうち、輸入関税撤廃（53 件）が最も多い措置となっていた。

輸出に関しては輸出禁止（Export ban）、輸出税（Export tax）、輸出割当（Export quota）、輸出許可要件（Export licensing requirement）、輸出に関するその他の非関税措置（Export-related non-tariff measure）が措置として含まれている。同期間において、新たに導入された輸出自由化措置 13 件のうち、輸出許可要件（6 件）が最も大きな割合を占めていた。また、輸出制限措置 244 件のうち、輸出禁止（110 件）と輸出許可要件（105 件）が同程度の割合となっていた。

(2) コロナ禍における貿易措置の特徴

医療関連品貿易については、輸入規制の緩和と輸出規制の導入が主な特徴となっている。図 6-1 には、2020 年 1 月から 2022 年 4 月において新たに導入された規制数の推移がまとめられている。この数字は、自由化については自由化

図 6-1　医療関連品に対する貿易制限措置数の推移（2020 年 1 月〜2022 年 4 月）

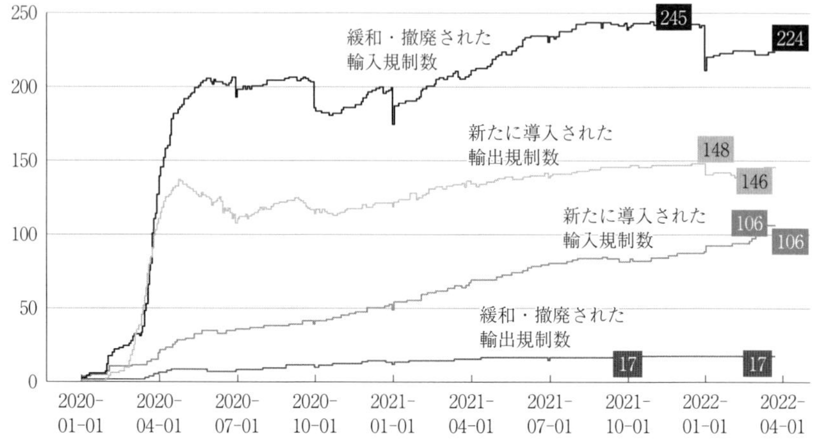

注：Global Trade Alert の統計データをもとに WTO 作成。日本語訳は筆者挿入。
出典：Global Trade Alert（最終閲覧日：2022 年 4 月 10 日）。

が進められた場合は増加し、一時的に自由化が解除された場合などは減少する。一方、規制導入については、規制が導入された場合は数字が増加し、撤廃された場合は数字が減少する。医療品関連貿易に対する貿易措置の中でも、最も大きな割合を占めているのは輸入規制の緩和または撤廃である。繰り返しになるが、各国はマスクや検査キットなどの医療関連品の国内供給をスムーズに行うために、輸入規制の緩和または撤廃に取り組んだことが理解できる。次に大きな割合を占めていたのが新たな輸出規制の導入である。

この輸出規制の解釈は大きく分けて 2 つある。1 つは国内供給のために医療関連品の輸出を制限したケースである。もう 1 つは医療関連品の「質保証」についての問題である。医療用マスクを例に考えてみる。日本産業規格（JIS）では医療用マスクおよび一般用マスク（JIS T-9001）や感染対策医療用マスク（JIS T-9002）の質について規定している。国際的には ASTM インターナショナルが医療用マスクの素材条件を定めており、日本においても ASTM の規格に基づいて生産された製品が多く販売されている。しかし、輸出品や輸入品に関してはこれらの規格に準拠して生産されていなかったり、それを証明していない製品が存在していたりするケースがあったため、輸出要件を厳格化したという背景があった。輸入規制の増加も同様であり、輸入品の国内流通には適切な検査などが必要であることから、輸入の要件が厳格化された。

このように、輸入自由化、輸出入の要件の厳格化は命を守るために必要なものである。しかし、輸出の禁止についてはその是非を考える必要があるのではないか。

(3) 貿易措置導入の決定要因

危機時に新たな非関税措置を導入する国もあれば、COVID-19 感染者数の増加が顕著であっても新たな非関税措置を導入しない国もあった。これらの国々にはどのような違いがあるのか。Friedman (2020) では、政治経済学の手法が有用であることが述べられている。政治経済学は、政治的要素と経済的要素を統合することで現代社会を分析する学問分野である。現在、世界中の政府はコロナ禍において財政赤字、経済・金融政策、選挙など、多くの政治的・経済的な問題に直面している。COVID-19 に対する各国政府の対応から明らかなように、経済と政治は互いに密接に関係していることから、政治経済学的なアプローチが有用となる。

保護貿易政策を施行する動機にはどのようなものがあるのか。保護貿易政策施行の決定要因については、多くの分野において理論・実証の両面から研究が進められている。まず、輸入浸透率や輸入品との競合が保護貿易政策の導入を促進させるとする研究領域について考える。輸入浸透率とは、国内供給量に占める輸入品の割合を意味する。国内市場において国内で生産された国産品と輸入品がより競争的になると、この輸入浸透率は上昇する。この輸入浸透率の上昇は保護貿易政策の施行を促進させるとする研究がいくつか存在している (Trefler 1993; Lee and Swagel 1997)。その理由としては、国内産業保護などの経済的要因や、選挙などの政治的要因が挙げられる。Tella and Rodrik (2019) では、近年のアメリカを対象とした研究によって、主に中国などからの輸入品との競合によって失業した人々は、職を失ったことから、より保護主義的な考えへとシフトすることが明らかになっている。この結果は、選挙における争点として保護貿易措置の導入が出てくる可能性があることを示唆している。

輸入関税の低減または撤廃と、その他の保護貿易的措置の関係性についての議論もある。保護貿易政策は、主に関税障壁と非関税措置に分類することができる。いくつかの研究によって、自由貿易協定（Free Trade Agreement: FTA）などによる関税撤廃の代わりに、非関税措置が導入される危険性が指摘されている（Orefice 2017; Bevebelli et al. 2014; Moore and Zanardi 2011）。しかし、近年では関税撤廃と非関税措置の両方を含んだ経済連携協定（Economic Partnership Agreement: EPA）の締結が促進されているため、この関係性についてはFTAやEPAに組み込まれていない国々に対する限定的な議論であるといえる。

保護貿易政策と特定の利益団体の関係も1つの論点といえる（Belloc 2015; Mitra et al. 2002）。多くの研究では、保護貿易政策施行のメカニズムを理論的に分析しており、利益団体によるロビー活動が政治家の行動に影響することを明示している。中でも、Grossman and Helpman（1994）の理論モデルでは、政治家は国全体の富、有権者の利益、関税収入、利益団体からの支援などを考慮し、選挙における自身の当選確率を最大化することを示している。たとえば、利益団体にとって保護貿易政策が望ましく、政治家にとっても保護貿易政策が次回の選挙における当選確率を高める場合、その国では保護貿易政策が施行される可能性がある。また、Grossman and Helpman（1994）の理論モデルは国内の問題を扱っているが、WTOなどの国際機関においてもロビー活動が存在することを指摘する研究もある（Herghelegiu 2018）。データ分析の結果から、ビジネスグループがWTOの閣僚会議に参加することで非関税措置の導入に影響を与えている可能性が明らかとなっている。

最後は、政治体制と保護貿易政策施行の関係性についてである（Milner and Mukherjee 2009; Acemoglu and Robinson 2006; Casper and Tufis 2003）。政治体制と貿易の自由化については、主に政治体制移行期にある途上国が分析の対象となっており、民主化が貿易自由化を促進させるといった議論がある。さらに、政治体制をどのように計測するかがポイントとなり、計測された数値と保護貿易政策の関係性がどのようなものであるかが議論されている。本章ではLührmann et al.（2018）が開発した政治体制の分類を用いて、政治体制を非民主主義体制と民主主義体制に分類し、政治体制と貿易制限措置導入の関係について考える[3)]。

3. パンデミックと自由貿易体制

(1) 輸出制限措置導入国の特徴

輸出制限措置は世界全体の医療関連品供給を非効率化し、経済も非効率化させてしまう危険性がある。本節では、輸出制限措置導入国の特徴を理解することで、危機下での自由貿易体制の維持について考える。輸出要件の厳格化以外の措置を輸出制限措置として考えることで、経済規模と政治体制によって輸出制限措置導入国を特徴付ける。図 6-2 では OECD 加盟国と非加盟国の輸出制限措置導入のタイミングについて、2020 年 1 月から何ヶ月後に輸出規制を導入したかがまとめられている。縦軸は輸出制限措置非導入国の割合、横軸は月を示している。OECD 加盟国については、感染者数が急激に増加したこともあり、5 ヶ月間の間に約 40% の国が輸出制限措置を導入している。平時では自由貿易体制を支持している先進国が、危機時には保護主義的に動いていたことがわかる。一方、OECD 非加盟国は約 25% が 5 ヶ月の間に輸出制限措置を導入している。ここでは大きな違いは見られないが、絶対数では OECD 非加盟国の方が多い点に注意する必要がある。

図 6-3 には非 OECD 加盟国を対象に、政治体制の違いが輸出制限措置導入に関係しているかについてまとめられている。政治体制と貿易自由化の議論は主に途上国を対象としたものであるため、途上国のみを対象としている。非民主主義体制と民主主義体制の判断は、Lührmann et al. (2018) が開発した政治体制の分類、そしてその判断のために必要となる V-Dem (Varies of Democracy) 研究所のデータを用いている。民主主義体制と比較すると、若干ではあるが非民主主義体制として分類される国々が早期に輸出制限措置を導入している。しかし、その違いはわずかであることがわかる。平時では、民主主義体制と自由貿易は正の関係にあることがいくつかの研究によって示されているが、この関係性は危機下では当てはまらない可能性があると考えられる。

---

3) Lührmann et al. (2018) では、Autocracy と Democracy に分類しているが、本章での議論においては非民主議体制と民主主義体制と表記している。

図 6-2　経済規模と輸出制限措置導入の関係

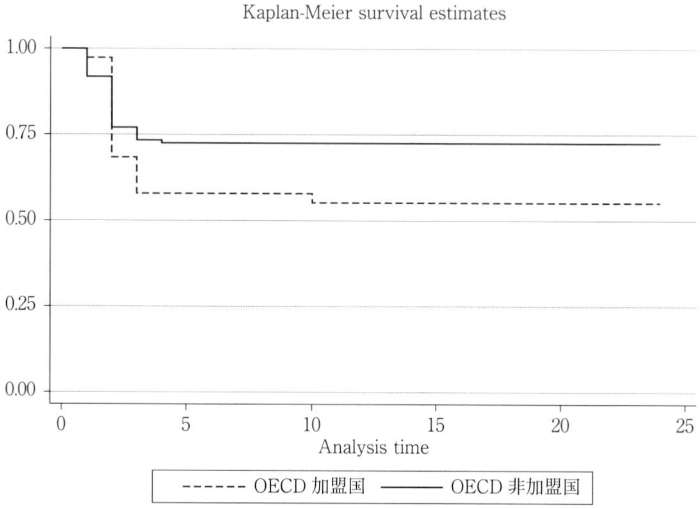

出典：Global Trade Alert の統計データ（最終閲覧日：2022 年 4 月 10 日）を参考に筆者作成。

図 6-3　政治体制と輸出制限措置導入の関係

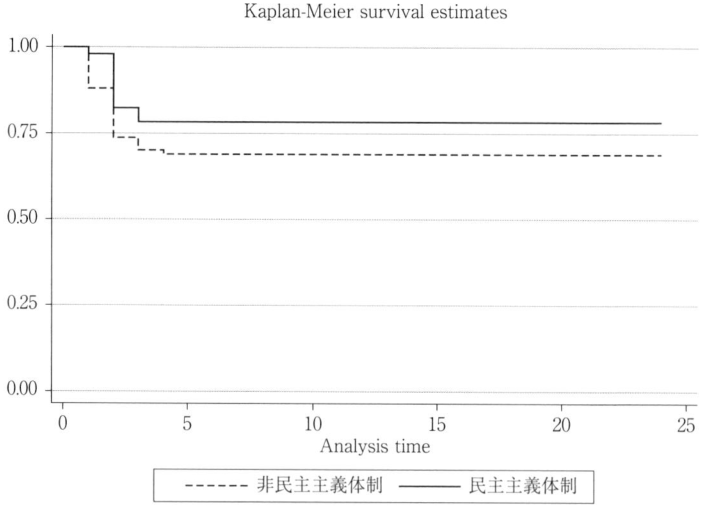

出典：Global Trade Alert の統計データ（最終閲覧日：2022 年 4 月 10 日）および V-Dem（Varies of Democracy）研究所のデータ（最終閲覧日：2022 年 4 月 10 日）を参考に筆者作成。

(2) 輸出制限措置の継続期間と政治体制

WTO は、輸出制限措置が継続されていることに対して懸念を示している。輸出制限措置導入の有無も問題となるが、その継続期間についても考える必要がある。継続期間が長ければ、輸出制限措置の負の影響も増大するためである。図 6-4 には、経済規模と輸出制限措置の関係がまとめられている。縦軸は輸出制限措置を継続している国の割合、横軸は月を示している。輸出制限措置撤廃までの期間は、複数の輸出制限措置を導入している場合は平均値を採用している。OECD 加盟国と非加盟国の間で、輸出制限措置撤廃までの期間について大きな違いは見られず、どちらも 6 ヶ月以内に 50% 以上の国が輸出制限措置を撤廃している。次に、政治体制と輸出制限措置撤廃の関係についてであるが、図 6-5 にまとめられている通り、その違いが浮き彫りとなっている。ここでも OECD 非加盟国を対象に、政治体制の違いによって輸出制限措置撤廃のタイミングが違うかについて考えている。民主主義体制として分類される国々は、5 ヶ月間で約 50%、1 年で約 75% が輸出制限措置を撤廃している。一方、非民主主義体制として分類される国々は、5 ヶ月後では約 60% と同水準となっているが、その後は 1 年後まで撤廃は見られず、長期で輸出規制を継続する傾向となっている。つまり、輸出制限措置の導入ではなく、規制の継続期間と政治体制が関係している可能性が示唆された。輸出制限措置撤廃をどのように促進させるべきなのかという点について議論するためには、追加的な分析が必要になるため、今後の課題とする。

(3) 自由な国際貿易を目指して

コロナ禍や、ロシアによるウクライナ侵攻などの危機時には、経済的な不確実性の問題が顕著となるため、各国は自国経済と国際経済のどちらを優先するかというトレードオフに迫られることがある。自国経済を優先するための政策を導入する国々に対して、どのような対策が考えられるのか。

コロナ禍において、WTO は COVID-19 の蔓延から世界を救うためには自由貿易が重要であることを主張し続けてきた。また、世界保健機関（World Health Organization: WHO）などの国際機関は、各国の保健衛生や医療体制、さらにはヒトの移動の制限などについて言及することで、パンデミックへの対

図6-4　経済規模と輸出制限措置撤廃の関係

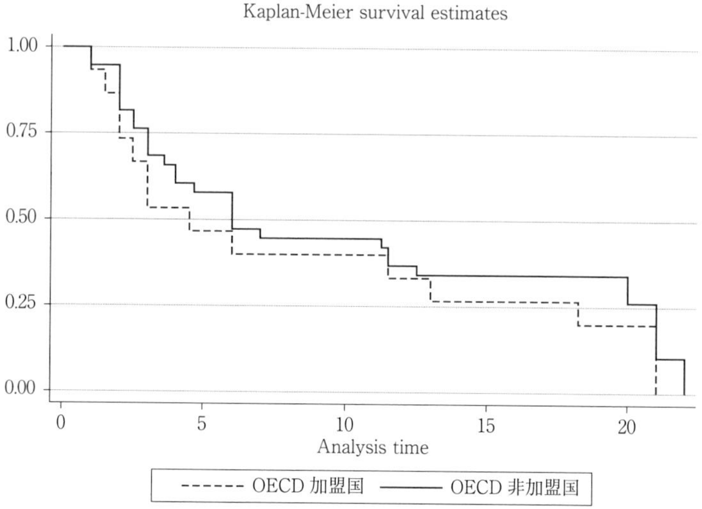

出典：Global Trade Alert の統計データ（最終閲覧日：2022年4月10日）を参考に筆者作成。

図6-5　政治体制と輸出制限措置撤廃の関係

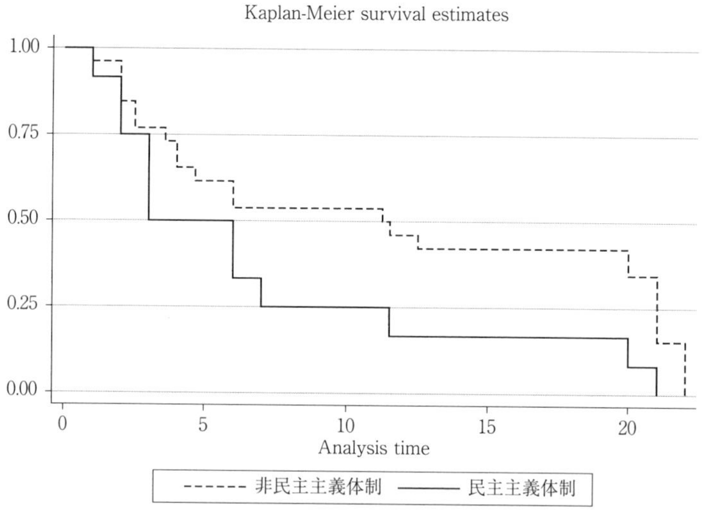

出典：Global Trade Alert の統計データ（最終閲覧日：2022年4月10日）および V-Dem（Varies of Democracy）研究所のデータ（最終閲覧日：2022年4月10日）を参考に筆者作成。

応を模索し続けている。このように国際機関は、当初は専門とする領域を中心に各国への呼びかけなどを行っていた。つまり、国際機関と各国との関係が必要となっていた。しかし、COVID-19 用ワクチンが開発されたことで、国際機関の対応は大きく変化した。なぜなら、COVID-19 用ワクチンの国際的な供給は、供給の順序、知的財産権の問題、世界全体での協調行動など、多くの問題を抱えていたからである。このことから、国際機関間での関わりが注目されるようになった。

COVID-19 用ワクチンの国際的な供給には、供給の方法や順序に関する問題と、知的財産権についての問題が大きな争点となっていた。前者については、COVAX ファシリティ（COVID-19 Vaccine Global Access Facility)、後者については WTO と WHO、そして世界知的所有権機関（World Intellectual Property Organization: WIPO）による共同の取り組みによって、協働の意義について考える。COVAX ファシリティとは、Gavi ワクチンアライアンス、感染症流行対策イノベーション連合（CEPI)、そして WHO が共同でワクチンを購入し、国際的に公平なワクチンの普及を目指すためのシステムである[4)]。高・中所得国から拠出金を支払ってもらい、低所得国も含む全ての国において公平にワクチンが供給される仕組みとなっており、日本も 2020 年 9 月に参加済みである。

WTO・WHO・WIPO は、各国のワクチンや関連する医薬品などの生産能力強化のために、WHO-WIPO-WTO COVID-19 Technical Assistance Platform を立ち上げた[5)]。このシステム内では、ワクチンや医薬品に関して、各国が必要とする情報の共有や、国際機関からの専門知識・技術の提供などが行われている。ワクチンや医薬品自体の自由な国際取引も必要となるが、関連する情報や技術の提供も必要となる。

このように、国際機関と各国との関係のみでは限界があったため、国際機関同士での協働により各国の対応がモニタリングされることとなっている。危機時には命と経済について多くの議論がなされるが、その間にも命と経済の問題

4）厚生労働省ホームページ「COVAX ファシリティ（COVID-19 Vaccine Global Access Facility）への参加について」参照（最終閲覧日：2022 年 4 月 1 日)。

5）WHO-WIPO-WTO COVID-19 Technical Assistance Platform ホームページ（最終閲覧日：2022 年 7 月 1 日）

は深刻化している。そのため、平時に危機時の対応を議論し、モニタリング体制や危機時の協調行動を制度化することが重要となる。

参考文献

Acemoglu, D. and J. A. Robinson (2006). *Economic Origins of Dictatorship and Democracy*, Cambridge University Press.

Belloc, M. (2015). Information for Sale in the European Union. *Journal of Economic Behavior and Organization*, 120, pp. 130–144.

Casper, G. and C. Tufis (2003). Correlation Versus Interchangeability: The Limited Robustness of Empirical Findings on Democracy Using Highly Correlated Data Sets. *Political Analysis*, 11 (2), pp. 196–203.

Friedman, J. (2020). The Political Economy of Economic Policy. *Finance and Development*, June 2020, pp. 4–9.

Grossman, G. M. and E. Helpman (1994). Protection for Sale. *American Economic Review*, 84, pp. 833–850.

Herghelegiu, C. (2018). The Political Economy of Non-Tariff Measures. *The World Economy*, 41 (1), pp. 262–286.

Kuriyama, C. (2020). Promoting Trade in Medical Goods To Tackle COVID-19 Challenges, *APEC Policy Support Unit POLICY BRIEF*, No. 32, pp. 1–7.

Lee, J.-W. and P. Swagel (2000). Trade Barriers and Trade Flows Across Countries and Industries. The *Review of Economics and Statistics*, 79 (3), pp. 372–382.

Lührman, A., Tannenberg, M. and Lindberg, S. I. (2018). Regimes of the World (RoW): Opening New Avenues for the Comparative Study of Political Regimes. *Politics and Governance*, 6 (1), pp. 60–77.

Milner, H. V. and B. Mukherjee (2009). Democratization and Economic Globalization. *Annual Review of Political Science*, 12 (1), pp. 163–181.

Mitra, D., D. D. Thomakos, and M. A. Ulubaşoğlu (2002). "Protection For Sale" In A Developing Country: Democracy Vs. Dictatorship. *The Review of Economics and Statistics*, 84 (3), pp. 497–508.

Moore, M. O. and M. Zanardi (2011). Trade Liberalization and Antidumping: Is There a Substitution Effect? *Review of Development Economics*, 15 (4), pp. 601–619.

Orefice, G. (2017). Non-Tariff Measures, Specific Trade Concerns and Tariff Reduction. *The World Economy*, 40 (9), pp. 1807–1835.

Tella, R. D. and D. Rodrik (2019). Labor Market Shocks and the Demand for Trade Protection: Evidence From Online Surveys. *NBER Working Papers Series*, 25705, pp. 1–37.

The Global Trade Alert (2020). THE COVID-19 PANDEMIC: 21ST CENTURY APPROACHES TO TRACKING TRADE POLICY RESPONSES IN REAL-TIME. *METHODOLOGICAL NOTE*, pp. 1–10.

Trefler, D. (1993). Trade Liberalization and the Theory of Endogenous Protection: An Econometric Study of U. S. Import Policy. *Journal of Political Economy*, 101 (1), pp. 138–160.

UNCTAD and The World Bank (2018), *The Unseen Impact of Non-Tariff Measures: Insights from a New Database*.

UNCTAD (2021). IMPROVING ACCESS TO MEDICAL PRODUCTS THROUGH TRADE: WHAT CAN REGIONAL TRADE AGREEMENTS DO IN TIMES OF CRISIS?. *UNCTAD/DITC/TNCD/2020/4*, pp. 1-61.

WTO (2020). TRADE IN MEDICAL GOODS IN THE CONTEXT OF TACKLING COVID-19. *Information Note*, pp. 1-16.

経済産業省（2022).『通商白書 2021 年版』。

石瀬寛和（2012).「国際貿易論の近年の進展：異質的企業の貿易行動に関する理論と実証」『IMES Discussion Paper Series』、2012-J-10、日本銀行研究所、1-57 頁。

統計データ

Global Trade Alert（最終閲覧日：2022 年 4 月 1 日).

The World Bank, COVID-19 Trade Policy Database（最終閲覧日：2022 年 4 月 1 日).

V-Dem（Varies of Democracy）研究所（最終閲覧日：2022 年 4 月 1 日).

ウェブサイト

厚生労働省ホームページ「COVAX ファシリティ（COVID-19 Vaccine Global Access Facility）への参加について」〈https://www.mhlw.go.jp/content/10501000/000672596.pdf〉最終閲覧日：2022 年 4 月 1 日。

WHO-WIPO-WTO COVID-19 Technical Assistance Platform ホームページ〈https://www.who-wipo-wto-trilateral.org/〉最終閲覧日：2022 年 7 月 1 日。

第二部　日本国内の状況

第７章
COVID-19 パンデミック下の政府による規制と市民の態度

野田　遊

1．規制に対する市民の態度は何が決めるのか

COVID-19 パンデミック下では、県境移動制限や時短営業、大規模イベントの開催制限など、市民や事業者の活動制限を要請するさまざまな規制が実施された。これらの規制は、実施に伴う莫大な税金とその効果の関係が科学的にほとんど検証されないなかで実施され、その善し悪しについての明確な社会的合意はなかった。政府による規制に対する市民の態度は、必ずしも一様なものではなく、ある人は公衆衛生の徹底を望み、別の人は経済維持を望む。この相違の背景には、それぞれがおかれている状況や受けとめ方が異なる点がある。それらの状況や受けとめ方とは、都市化の程度や属性、COVID-19 に対する認識、あるいは、政府からの情報発信などである。本章は、そうした政府の規制に対する市民の態度の要因について解き明かそうとするものである。

本章の研究目的は２つある。第一の目的は、COVID-19 パンデミック下の政府からの情報発信による市民への影響を検出できるかどうかである。公衆衛生、または経済維持を重視した情報発信は、同じ社会的状況を別々の枠組み（フレーム）でとらえるものである。このようなフレームに基づき得られる非合理な効果は、フレーミング効果とよばれる（Goffman 1974; Kahneman and Tversky 1979; 1984; Tversky and Kahneman 1981）。公衆衛生を重視したフレー

ミングは、個人の自由な活動を抑制する効果が見込まれ、経済維持を重視したフレーミングからは、そうした活動抑制を緩和する効果が想定される。検証時期は、COVID-19パンデミックが継続し、市民がインターネット等から関連情報の入手にそれなりに慣れるに至った2021年6月とした。瞬く間にパンデミックになった2020年前半においては、一般に情報発信によるフレーミング効果は高くなると考えられるが、初期とは異なり、既に1年以上が経過したタイミングで情報発信による市民への扇動状況を探究するのが本章の目的である。フレーミング効果が検出されれば、政府からの発信情報の扇動可能性が示唆されるが、効果がみられない場合、パンデミック下の市民の自立性を傍証することになる。

もう一つの研究目的は、規制に対する市民の態度は、政府からの情報の影響を除き、どのような要因から規定されるかを検証することである。規制に対する市民の態度は、社会のあり方を問うものである。社会の構成員である市民が、パンデミック下の個人の活動制限をどのように考え、そうした態度形成にいかなる要因が関係するかは、民主主義社会における緊急時の統制方法を問うものである。なぜなら、規制に対する態度の要因がわかれば、社会を方向づける手段を明らかにできるからである。本章では、これらの2つの研究目的を吟味し、最後にパンデミックによる不確実性下の市民と政府の規制のあり方について検討する。

2. パンデミック下の政府による規制

本章で扱う規制は、国および自治体で実際にとられた次の6つを対象とした。第一は、外出自粛や県境移動者への行動規制である。日本では、都市をロックダウンし外出を厳しく制限するような法的整備までは行われなかった。代わりに、不要不急の外出自粛を要請し、感染者数の多い地域からウイルスが蔓延しないよう、居住地域との県境移動の自粛が求められた。

第二と第三の規制は第一の移動制限と密接に関わる規制である。まず第二の規制は、大規模イベントの開催制限である。たとえば、2022年1月27日から3月6日までを期間とする京都府での規制においては、感染防止安全計画を策定し、府の承認を得た場合に参加者20000名までのイベントが開催可能（それ以外は5000名上限）となるものであった。当該規制では、収容率について、感染防止安全計画が用意されていないケースで、大声での歓声が想定される際には50％まで認めるという内容であった。

第三の規制は、娯楽施設や集会施設の閉鎖の徹底である。特措法施行令第11条に該当する施設として、たとえば、神奈川県では、遊興施設、大学、学習塾、運動・遊技施設、劇場、集会・展示施設、商業施設の休業が要請された。学習塾や集会・展示施設、商業施設は、床面積が1000 m^2を超えるものが対象とされ、この基準を超えない施設は特措法を根拠とした要請が不可能なため、協力依頼での対応となった。もっとも、劇場や集会場などに対して、あえて特措法に基づく施設とせずに、協力要請に位置づける自治体があるなど、対象施設の種類、また休業要請とするか時短営業とするかなどは、地域により異なる対応がとられた。

第四の規制は、飲食店の営業時間の短縮や休業の徹底の要請である。飲食客の交流によるクラスター発生が懸念されたため、時短営業、飛散防止や換気のための機器整備、あるいは二酸化炭素濃度測定器を用意する事業者への補助金や無償機器支給などが行われ、あわせて店内では、黙食が推奨された。

第五の規制は、飲食店での酒類販売制限である。アルコールの販売が規制されたのは飲食店内でのアルコールをともなう会話が感染拡大を招くと強く認識されていたからである。最後に、第六の規制は、行動規制や営業規制の違反者への罰則である。2021年2月には改正コロナ関連法が成立し、まん延防止等重点措置を通じて、時短・休業要請命令だけでなく、過料や行政罰を科すことが可能となった。

これら6つの規制に対して、市民はどのような態度であったか。本章では、まずこの点に関心があるため、規制促進に対する市民の態度が尺度の中央値よりも高くなっているかを見極め、そのうえで、市民の態度の規定要因を検証することとしたい。規制促進に対する市民の態度は、規制が対象とする活動が市民の裁量で変えられる程度と、その活動が日常生活に不可欠な程度により変化しうる。6つの規制のうち、市民個人の活動について裁量が大きなものは、外出自粛や県境移動者への行動規制である。他は、罰則を除き、個人ではなく事業者側の自由の制限に関わる規制である。したがって、外出自粛や県境移動規制は、比較的支持が得られやすいのではないかと思われる。日本では、パンデミック以降、普段から不要不急の外出自粛を要請してきた。特に感染者が増加した時期には、県境移動規制を強く訴える首長が多く、その際、不要不急の外出自粛を前提とした県境移動の自粛が求められた。このため、アンケート調査のワーディングでは「外出自粛や県境移動者への行動規制」というようにセットで質問したが、重点は県境移動規制にあり、旅行やビジネスでの出張といった行動など、日常生活上必要性がそれほど高くない活動への規制が要請された。

県境移動規制は、日常生活上の必要性があまり高くない活動に対する規制であるが、事業者に関わる規制のうち、同様に日常生活上の必要性が高くないものとして、娯楽施設や集会施設の閉鎖、大規模イベントの開催制限があげられる。娯楽施設の対象施設には、ゲームセンターやボウリング場、パチンコ店などが含まれ、他の産業に比べた社会的必要性の程度もやや低いと考えられる。大規模イベントの開催は、来場者の個人的欲求に基づく活動であり日常生活で必要という理解は得られにくいように思われる。したがって、大規模イベントの開催制限や娯楽施設・集会施設の閉鎖についても、市民から比較的支持が得られやすい規制であると想定される。

3. 規制に対する市民の態度の要因

規制に対する市民の態度を形成する要因は、市民側の要因、市民が居住する地域の要因、さらに、情報を発信する政府側の要因に分けて検討することできるだろう。市民側の要因は、市民の認識や属性による要因である。それぞれ認知的要因や属性ということになる。また、地域の要因は、都市部か否かといった地域の構造に関する要因であり、ここでは、地域的要因とよんでおこう。さらに、情報を発信する政府側の要因は、情報のフレーミング要因ということになる。もっとも、市民側の要因に位置づけられる認知的要因は、提供された情報をいかに認知するかに関わるものであるため、情報を発信する側の要因と密接に関連するが、議論の単純化のため、それらを区分して議論を進める。

(1) 市民側の要因

認知的要因

認知的要因は、対象とする問題について市民が深刻に受けとめる認識の程度である。この要因は、COVID-19パンデミックという問題に対する重要性や理解度（または政治的知識）、あるいは、個人が抱く不安などの感情が該当し、規制に対する市民の態度を変化させる可能性がある。直面する問題についてより重要なものであると認識する市民ほど、規制を促進すべきとする態度は強くなるであろうし、そうした問題の理解の程度や知識がある人ほど、または、現在の状況を不安に思っている人ほど、パンデミックを重く受けとめ、市民の規制促進の態度は強く現れると想定できる。本章では、問題の重要性、理解度、不安といった認知的要因による市民の規制促進態度への影響を分析する。

なお、これらの認知的要因は、ある問題の肯定・否定のフレーミング効果への影響有無の観点から議論されることもある。たとえば、市民にとって重要性が高い分野（福祉）よりも重要性の低い分野（貿易）の方が肯定・否定のフレーミング効果が高いという検証結果が提示されている（Lecheler et al. 2009）。逆に、専門家が重要と認識する問題の価値観と一致するフレーミングではポジティブな共感が得られやすいという分析結果（Andrews et al. 2017; Bullock and Vedlitz 2017）があり、議論は混在している。また、理解度については、政治的知識の保持がフレーミング効果を緩和する点が報告されている（Haider-Markel and Joslyn 2001; Krosnick and Brannon 1993; Nelson et al. 1997; Slothuus 2008）。回答者の問題への理解度や知識量が回答者の信念に共感する場合はフレーミング効果が強められ、信念に共感しないフレームであれば、その影響は緩和される。ほかに、アンケートに回答する際に回答者が抱いている不安や苦痛、怒り、熱意、恐怖等の感情もフレーミング効果を左右する要因とされている（Druckman and McDermott 2008; Hameleers 2021）。これらのフレーミング効果に関連づけられた認知的要因の影響は、そもそものフレーミング効果自体が検出された場合において確証されることになる。

属　性

市民の属性としては、年齢や性別、教育水準、支持政党があげられる。これらは社会科学分野の研究において、個人の意向を分析する際に必ず含まれる制御変数である。たとえば、規制に対する市民の態度の相違は、年齢が高い方が自分の家族や社会的ネットワークの保有確率が高くなる傾向があり、そのことで、パンデミック下の社会の安定のために規制を許容する傾向も高くなると考えられる。ただし、経済の閉塞感の継続、コンプライアンス文化の浸透、過度な協調性重視の教育などを背景に、若い世代の方がむしろ社会的規範を明確に意識した態度をもつ可能性があることも想像に難くない。

支持政党に対しては、自民党や維新の会支持者は、共産党や立憲民主党支持者と比べて、個人の自由よりも社会を方向づける規制に賛同する可能性が高い。また、6つの規制間の相違でいえば、特に違反者への罰則において、自民党や維新の会支持者で強い賛同が得られると予測する。

(2) 地域要因

大都市地域はその他の地域よりも人口が過密であるため、感染の拡大スピードも速く、さらにその規模が大きかった。感染拡大の波は常に東京都や大阪府をはじめとした政令指定都市所在府県で際立っており、病床使用の逼迫化が問題視されてきた。そのため、そうした大都市圏の近隣府県への移動は抑制され、緊急事態宣言やまん延防止等重点措置が適用され、罰則を含む多様な規制が実施されてきた。ちなみに、罰則のある外出自粛は、大都市圏のように感染率の高い地域において大きな効果がみられることがサーベイ実験で明らかにされている（Aoki 2021）。

大都市圏とその他の地域という相違以外に、市町村別でみると、都市部と農村部の感染状況は、やはり前者が後者より深刻で、そのため規制の必要性も高い。このため、都市は小規模自治体と比べて、規制促進に向けた市民の態度が強くなる可能性が考えられる。しかしながら、あまり人口が多くない小規模自治体では、普段から実現している社会の安定を望み、都市部からの感染拡大に特に強い抵抗があるのも事実である。その場合、都市よりむしろ小規模自治体における市民の規制促進の態度が強くなると見込まれる。

その他、都市の大小ではなく、大阪府のように、大都市圏の中心府県であり、知事が圏域の中心的リーダーとして様々な政策でイニシアティブをとってきた自治体の市民は、リーダーの意向に賛同して規制強化の態度が強くなる蓋然性がある。パンデミック下で新たな対策を推進するリーダーへの連帯感を抱くそうした態度は、旗の下への結集効果（The rally-round-the-flag effect）とよばれている。

(3) 情報を発信する側の要因

フレーミングは、特定の用語や概念が選択され、その選択対象の特徴が強調される現象である（Entman 1993）。本章で効果の有無を検証する公衆衛生フレームと経済維持フレームは、ある課題の相反する側面を強調するイシューフレームとよばれるものである（Druckman 2004; Slothuus 2008）。フレーミング効果は、受け手に共通の効果をもたらすもので、公衆衛生フレームによる情報は公衆衛生のための政策を促進し、経済持続フレームによる情報は地域経済の持続を優先して公衆衛生重視の程度を緩和する。

Deslatte（2020）は、公衆衛生の徹底を促すメッセージは、専門家より大統領が発した方がフレーミング効果が高い点を検証している。つまり、政府が発する情報は市民にとってそれなりに重く受け止められる前提がある。日本でも、大阪府の吉村洋文知事が公衆衛生の重要性を訴えるために、営業自粛要請に従わない事業者の名前を公表すると発言するなど、社会を方向付ける規制を強調したが、府民も政府の情報発信に耳を傾け、その方針に賛同した側面があった。

本章では、議論の単純化のため、誰が情報を発信するかまでは特定せず、公衆衛生と経済維持の情報提供の効果を検証する。パンデミックとなってから1年以上が経過した時点での市民の態度に対してフレーミング効果が現れるだろうか。検証結果から、市民の自立性または扇動可能性について推量する。

4. データの収集と方法

分析に使用したデータは、大阪府、京都府、兵庫県、滋賀県、和歌山県、奈良県の関西２府４県を対象とした市民調査と自治体職員調査によるものである。市民調査は、GMO リサーチ株式会社のパネルを用いたインターネット調査であり、2021 年 6 月 11 日から 6 月 16 日にかけて、関西２府４県に居住する 18

歳から79歳までの1137名からデータを収集した。調査対象者の年齢・性別分布は、実際の関西の人口構成と同様である[1)]。自治体職員調査は、規制に対する市民の態度について、パンデミック下でさまざまな対応をしていた自治体職員の態度とギャップがあるかどうかを比較するためのものである。当該調査は、関西2府4県の全198市町村において、パンデミックで感染症対策や学校での対応、地元企業支援を担当した3部署（保健、産業、学校）計594部署へ2021年6月3日に発送し、7月5日に回収した分までを含むもので、回収率は33%であった。

分析方法については、最初に1つ目の研究目的である情報のフレーミング効果の有無を統計的に確証した。すなわち、規制に対する市民の態度が情報のフレーミングで変わるかどうかという問題関心に迫るために、調査対象者を無作為に2つのグループに分け、表7-1のように、片方に公衆衛生フレームを、もう1つのグループに経済維持フレームの情報を提供し、6つの規制について、「1　まったく強くすべきでない」から「7　とても強くすべき」までの7点尺度で回答してもらった。そして、公衆衛生フレームの方が実際に経済維持フレームよりも市民の態度の得点が高くなるかを把握しようとした。このようなサーベイ実験においては、それぞれのグループが性別、年齢、都道府県、大都市か否か、町村か否か、教育水準、支持政党、その他の独立変数の分布に関してランダマイズされている必要があるので、最初にバランスチェックを行い大きな問題がないことを確認した[2)]。

2つ目の研究目的を把握する要因として、次のものを設定した。まず、認知的要因についてであるが、問題の重要性は「公衆衛生の確保は経済維持より重要と思う程度」、問題の理解度は「自分は新型コロナウイルス感染症やその対策を十分理解している程度」であり、それぞれ7点尺度で把握した。不安については、「新型コロナウイルスに自分が感染することが心配」と「新型コロナウイルスによる自分の経済状態への影響が心配」への同意の程度の合計値を用いて14点尺度とした。属性については、教育水準（大学卒業ダミー）、年齢、

1）回収データについては、40代女性の割合が他の年代より高かったが、実際の人口比と0.3ポイントしか差はなくほぼ関西の人口構成である。

表 7-1　公衆衛生フレームと経済維持フレームのワーディング

公衆衛生フレーム
　新型コロナウイルス流行下では、感染対策が重要です。感染対策を徹底しない限り、感染者数の増加に歯止めがかからず、医療体制が崩壊してしまいます。この結果、避けなければならない死亡者数の増加がいっそう進行してしまいます。地域経済の維持は重要ですが、住民の生命を守るための感染対策の徹底が必要です。現在、感染対策としての規制のあり方が問われていますが、あなたは、緊急事態宣言が出ている地域における次の対策をどの程度強化すべきと考えますか。

経済維持フレーム
　新型コロナウイルス流行下では、感染対策が重要です。ところが、感染対策を過度にすると、地域の企業の売上げが激減し、雇用と税収の大幅な減少につながります。この結果、自治体サービスを維持する税収基盤としての地域経済は衰退してしまいます。感染対策は重要ですが、住民へのサービスを維持するための地域経済への十分な配慮が必要です。現在、感染対策としての規制のあり方が問われていますが、あなたは、緊急事態宣言が出ている地域における次の対策をどの程度強化すべきと考えますか。

女性ダミー、支持政党ダミー（自民党、日本維新の会、共産党、それぞれダミー）である。また、地域要因は、大阪府ダミー、大都市（政令指定都市）ダミー、小規模自治体（町村）ダミーである。ただし、自治体職員調査においては、教育水準、支持政党ダミーは把握していない。

　続いて、6 つの規制に対する市民の態度を説明するモデルを作成し、それぞれの要因の影響を検出した。最初に順序ロジットモデルで推定したうえで、規制ごとに適切な推定方法を用いた[3]。順序ロジットモデルは各係数がそれぞれ

2)　分析の基本的方法は、各フレームの選好の分散の比較、相関による比較、あるいはフレームにさらされていない被験者の選好との比較がある（Chong and Druckman 2007）。ここでは Fuenzalida et al.（2020）に倣って 2 つのフレームの比較について、フレーム間の差を効果としてとらえた。バランスチェックの結果、市民調査は、属性、認知的要因、地域要因のいずれの変数でも 2 つのグループ間で差は認められずランダマイズされているといえる。一方、自治体職員調査でのほとんどの変数はグループ間で差がなかったものの、経済維持フレームにおいて年齢が 2.4 歳高く、理解度が 0.45 高い結果となった。参考までに、自治体職員調査データの年齢と理解度でグループ間の差が生じなくなるまで経済維持フレームで年齢が高く理解度も高い回答を控除したサンプルを作成し、他の変数もランダマイズされているグループとしたうえでマニピュレーションチェックを行ったが、フレームは適切に割り当てられなかった。

3)　各府県の階層構造に配慮したマルチレベル分析も適用したが、級内相関係数が低く、尤度比検定においてもマルチレベル分析の妥当性が検出されなかった。

のカテゴリーで一定であるという平行性の仮定を満たしている必要があるが、それが満たされない場合は、尺度をカテゴライズしつつ部分比例オッズモデルを適用した。具体的に、順序ロジットモデルで推定した係数の平行性をBrant検定で確認したところ、飲食店での酒類販売のみ、平行性を想定できる結果となったため、酒類販売は順序ロジットモデルで推定し、他の規制に対しては、部分比例オッズモデルによる推定を行った[4)]。

5. 規制に対する市民の態度の検証

(1) 市民の規制促進態度

まず、規制に対する市民の態度を確認しておこう。図7-1は6つの規制に対する市民と自治体職員の態度の平均値を7点尺度で示したものである。これをみれば、市民の態度はいずれの規制に対しても4以上と高いようすがわかる。市民調査においては、とりわけ県境移動規制（4.8）や大規模イベント制限（4.9）が他の4つの規制より高いという特徴がある。これらの規制対象の活動は、日常生活上必要性が特に低いものに含まれる。県境移動規制については、市民が裁量的に対応できる活動への規制でもあり、そうした裁量的性質からみても規制強化を許容する市民の態度を把握できる。

図7-1の黒で示した市民の態度について、右側に白で示す自治体職員と比較するとどうであろうか。県境移動規制や大規模イベント制限は、自治体職員の方がより強く規制すべきとする態度になっている。一方、違反者への罰則に対しては、自治体職員は6つの規制の中で最も低いのに対して、市民の態度は自

4）推定はSTATA17を利用した。部分比例オッズモデルでは、規制態度の1-7までの7点尺度について、マイナスの予測値が出なくなるまで尺度をカテゴライズした。具体的には表7-2の「従属変数の尺度」の行に記載しているとおりである。たとえば、大規模イベントの開催規制では、123を1つにカテゴライズし、その値から4に変化する場合の係数を「123 to 4」の列に記載し、同様に4から567（カテゴライズ）に変化する際の係数を「4 to 567」の列に表記している。娯楽施設閉鎖や違反者罰則においては、従属変数の尺度は他の規制とは異なり2つに集約された。具体的に、1-3（カテゴライズ）から4-7（カテゴライズ）、または1-4（カテゴライズ）から5-7（カテゴライズ）へ変化する場合の係数がそれらである。

図 7-1　市民と自治体職員の規制促進態度

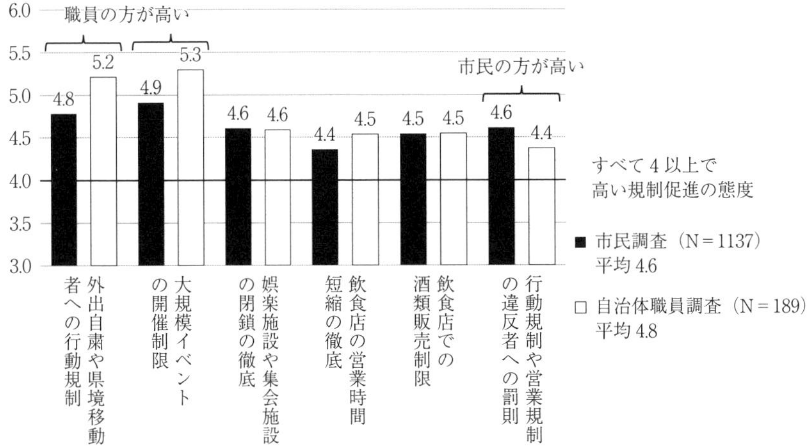

治体職員よりも高く、6 つの規制態度平均と同等の 4.6 である。このように、市民の態度は日常生活上必要性の低い活動への規制において高いが、それらは自治体職員の態度よりやや穏健である一方、違反者への罰則に対しては自治体職員よりいっそう強い適用を望んでいる。

(2) 情報のフレーミング効果は検出されたか

2021 年 6 月時点で、本章の第一の目的である情報のフレーミング効果はあったといえるだろうか。効果の検証にあたって、まずフレーミングの割り当てがうまくなされたかどうかを確認する必要があり、この作業をマニピュレーションチェックという。具体的には、公衆衛生フレームと経済維持フレームのグループ間で、「感染対策の徹底がなければ死亡者数が増加する」という記載内容の信頼度について、ウィルコクソンの順位和検定によりチェックを行ったところ、グループ間で差は検出されなかった（$Z = .242$, $p = .808$）。すなわち、実験で行おうとしたグループ間のフレームの割り当てが統計的に区分されなかったのである。自治体職員調査の結果も同様、グループ間に差はみられなかった（$Z = .859$, $p = .390$）。フレーミング効果検証の前提であるフレームの割り当てそのものができなかったわけであり、ある意味で実験の失敗ともいえるが、市民

図7-2　情報発信による規制促進態度の比較

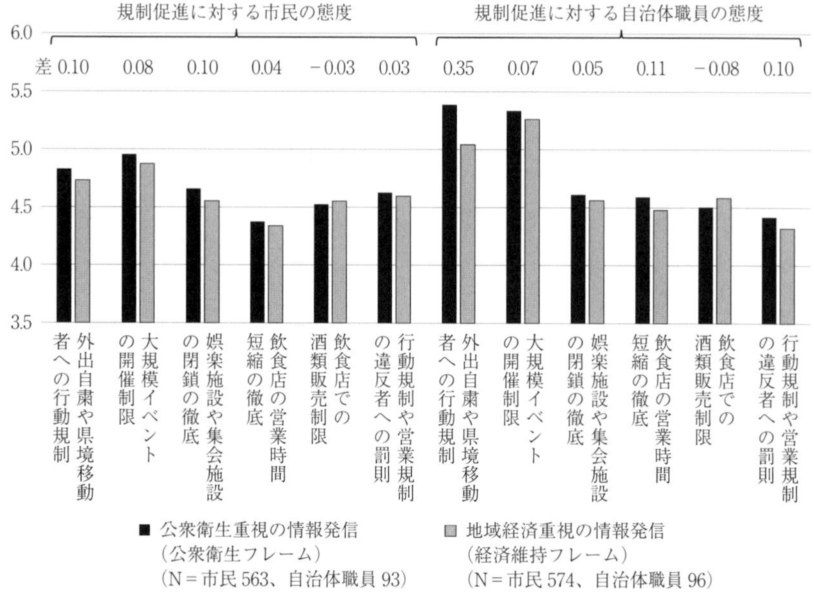

注：ウィルコクソンの順位和検定の結果は、以下のとおり（市民調査、自治体職員調査の順）。
外出自粛や県境移動者への行動規制　市民 Z＝−1.178、p＝.239。自治体 Z＝−1.976、p＝.048。
大規模イベントの開催制限　市民 Z＝−.970、p＝.332。自治体 Z＝−.855、p＝.393。
娯楽施設や集会施設の閉鎖の徹底　市民 Z＝−1.133、p＝.257。自治体 Z＝−.492、p＝.623。
飲食店の営業時間短縮の徹底　市民 Z＝−.589、p＝.556。自治体 Z＝−.534、p＝.059。
飲食店での酒類販売制限　市民 Z＝.052、p＝.958。自治体 Z＝.149、p＝.882。
行動規制や営業規制の違反者への罰則　市民 Z＝−.181、p＝.857。自治体 Z＝−.455、p＝.649。

調査だけでなく自治体職員調査でも差が検出されなかった点をふまえると、そもそも公衆衛生と経済維持のフレーミング効果は2021年6月時点ではほとんど検出できないといえる。

仮に、マニピュレーションチェックに使用した変数（「感染対策の徹底がなければ死亡者数が増加する」の信頼度）の適切性が低く、フレームの割り当てができていたと想定した場合、フレーム間の差は図7-2のようになる。この結果から、6つの規制の促進に向けた態度は自治体職員調査の県境移動規制を除く規制のフレーム間で統計的な差は検出されなかった。図7-2を注意深くみると、市民調査、自治体職員調査ともに、酒類販売制限を除く5つの規制すべてで、わずかに公衆衛生フレームが経済維持フレームより高い。市民がパンデミックや感染症について十分に知識を得ていない2020年前半に調査を実施していれば、フレームが明確に割り当てられ、フレーミング効果が析出された可能性があったかもしれない。しかし、2021年6月時点では、公衆衛生と経済維持のフレーミング効果は検出されないというのが第一の研究目的への回答である。

(3) 市民の規制促進態度はどのような要因で決まるか

フレーミング効果が十分に発現しなかった2021年6月、規制に対する市民の態度は、いかなる要因に既定されていたのか。表7-2には、6つの規制を表頭に並べ、表側の各要因の影響をみた分析結果を示している。各要因の中で最も明確に影響があらわれているのは、重要性や理解度などの認知的要因である。いずれの規制に対しても問題の重要性を強く認識する市民ほど、規制の意向が強くなるようすがわかる。また、尺度によっては影響が統計的に検知されないところもあるが、問題を理解している市民ほど、同様に不安に思う市民ほど、規制の意向が強くなる傾向もよみとれる。

次に、個人の属性による態度への効果はどうであろうか。支持政党による影響は、自民党支持者は、罰則規定に対する態度が特に強く、その他、時短営業や娯楽施設閉鎖に対しても賛同傾向がある。共産党支持者は、酒類販売制限の不支持が強く、罰則にも消極的な傾向をみせている。維新の会支持者は、県境移動への行動規制に賛同傾向があり、娯楽施設閉鎖や罰則にも賛同しているようにみえる。このように、政党支持という背景からみた市民の価値観の相違が規制内容の選好を異なるものにしている点は興味深い。

教育水準はいずれの規制に対してもほとんど影響がない。性別については、女性が大規模イベントの開催制限に賛成する傾向があったり、外出規制についても一部男性とは賛同の程度が異なるようであるが、総じて明瞭な傾向は読みとりにくい。年齢は、高い市民ほど、飲食店での酒類販売制限への賛同が強くなる傾向がある。

地域要因に関しては、感染者数が多い政令指定都市のような大都市に居住する市民ほど規制に対する態度が強く、町村のような小規模自治体では逆に弱くなっているものと想定していたが、大都市か小規模自治体かといった自治体規

表7-2　市民の規制

推定モデル 従属変数の尺度	外出自粛や県境移動者への行動規制				大規模イベントの開催制限		娯楽施設やの閉鎖
	PPOM				PPOM		PP
	123 to 4 係数 (Robust SE)	4 to 5 係数 (Robust SE)	5 to 6 係数 (Robust SE)	6 to 7 係数 (Robust SE)	123 to 4 係数 (Robust SE)	4 to 567 係数 (Robust SE)	123 to 4567 係数 (Robust SE)
重要性	0.82***	0.73***	0.71***	0.69***	0.68***	0.65***	0.59***
	(0.12)	(0.09)	(0.08)	(0.12)	(0.09)	(0.08)	(0.08)
理解度	0.11	0.34***	0.37***	0.45**	0.15	0.28***	0.16*
	(0.10)	(0.08)	(0.08)	(0.13)	(0.09)	(0.08)	(0.08)
不安	0.21***	0.22***	0.16***	0.14*	0.13*	0.18***	0.09*
	(0.06)	(0.04)	(0.04)	(0.06)	(0.05)	(0.04)	(0.04)
自民党	0.49	0.28	0.39*	0.07	0.18	0.15	0.34
	(0.29)	(0.19)	(0.19)	(0.26)	(0.26)	(0.19)	(0.24)
共産党	−0.16	0.28	0.72	0.31	−0.28	0.59	−0.41
	(0.48)	(0.40)	(0.39)	(0.44)	(0.46)	(0.39)	(0.37)
維新の会	0.10	0.47*	0.61**	0.06	−0.21	0.12	−0.08
	(0.28)	(0.21)	(0.20)	(0.28)	(0.27)	(0.21)	(0.24)
教育水準	−0.22	−0.20	−0.19	−0.44*	−0.07	−0.02	0.09
	(0.20)	(0.14)	(0.14)	(0.20)	(0.18)	(0.14)	(0.16)
年齢	0.00	0.00	0.01**	0.00	0.01	0.01*	0.00
	(0.01)	(0.00)	(0.00)	(0.01)	(0.01)	(0.00)	(0.01)
女性	0.94***	0.17	−0.28	−0.82***	0.64***	0.19	0.17
	(0.20)	(0.14)	(0.15)	(0.21)	(0.18)	(0.14)	(0.16)
大阪府	0.22	0.13	0.46**	0.69**	0.02	0.15	0.21
	(0.19)	(0.14)	(0.15)	(0.20)	(0.18)	(0.14)	(0.16)
大都市（政令	−0.14	−0.19	−0.12	−0.16	−0.03	−0.28	−0.15
指定都市）	(0.20)	(0.14)	(0.15)	(0.20)	(0.18)	(0.14)	(0.17)
小規模自治体	0.78	−0.28	−0.53	−0.18	0.55	−0.23	0.63
（町村）	(0.57)	(0.32)	(0.40)	(0.54)	(0.49)	(0.33)	(0.47)
	−4.45***	−6.57***	−8.41***	−9.00***	−3.90***	−6.18***	−3.07***
	(0.60)	(0.58)	(0.60)	(0.83)	(0.55)	(0.56)	(0.47)
	0.175				0.177		0.149

注：N＝1137; *p<.05; **p<.01; ***p<.001. Partial Proportional Odds Models（部分比例オッズモデル）＝

促進態度の要因

集会施設の徹底	飲食店の営業時間短縮の徹底				飲食店での酒類販売制限	行動規制や営業規制の違反者への罰則	
OM	PPOM				Ologit	PPOM	
1234 to 567	123 to 4	4 to 5	5 to 6	6 to 7	1-2-3-4-5-6-7	123 to 4567	1234 to 567
係数	係数	係数	係数	係数	係数	係数	係数
(Robust SE)	(Robust SE)	(Robust SE)	(Robust SE)	(Robust SE)	(Robust SE)	(Robust SE)	(Robust SE)
0.62***	0.65***	0.68***	0.82***	0.79***	0.67***	0.46***	0.43***
(0.07)	(0.08)	(0.08)	(0.10)	(0.14)	(0.07)	(0.07)	(0.06)
0.21**	0.13	0.27***	0.27**	0.24	0.15*	0.19*	0.26***
(0.07)	(0.08)	(0.07)	(0.09)	(0.14)	(0.07)	(0.08)	(0.07)
0.18***	0.03	0.10**	0.09*	0.12	0.11**	0.07*	0.12***
(0.03)	(0.04)	(0.04)	(0.04)	(0.07)	(0.03)	(0.04)	(0.03)
0.43*	0.33	0.47*	0.50*	0.20	0.29	0.76**	0.43*
(0.19)	(0.23)	(0.18)	(0.20)	(0.28)	(0.15)	(0.24)	(0.18)
0.24	−0.18	0.28	0.01	−0.72	−0.59*	−0.78*	−0.03
(0.32)	(0.40)	(0.39)	(0.38)	(0.61)	(0.27)	(0.39)	(0.41)
0.51*	−0.21	0.20	0.10	−0.54	−0.11	0.15	0.49*
(0.21)	(0.23)	(0.21)	(0.23)	(0.37)	(0.17)	(0.24)	(0.20)
−0.15	−0.12	−0.18	−0.12	−0.20	−0.07	−0.03	−0.04
(0.14)	(0.15)	(0.14)	(0.15)	(0.24)	(0.10)	(0.16)	(0.14)
0.01	0.01*	0.01	0.01	0.00	0.01**	0.00	0.01
(0.00)	(0.01)	(0.00)	(0.01)	(0.01)	(0.00)	(0.01)	(0.00)
−0.04	0.13	−0.09	−0.25	−0.35	0.01	0.28	0.00
(0.15)	(0.15)	(0.14)	(0.16)	(0.24)	(0.11)	(0.16)	(0.14)
0.13	0.14	0.13	0.58***	0.22	0.35**	0.21	0.08
(0.14)	(0.15)	(0.13)	(0.16)	(0.22)	(0.11)	(0.16)	(0.13)
−0.21	−0.30	−0.12	−0.19	−0.07	−0.09	−0.21	−0.15
(0.15)	(0.15)	(0.14)	(0.17)	(0.23)	(0.11)	(0.16)	(0.14)
0.36	0.26	−0.06	0.37	0.13	0.15	0.38	0.07
(0.34)	(0.42)	(0.36)	(0.40)	(0.50)	(0.27)	(0.51)	(0.36)
−5.79***	−3.10***	−6.05***	−8.06***	−8.56***		−2.29***	−4.76***
(0.49)	(0.44)	(0.47)	(0.59)	(0.83)		(0.45)	(0.46)
0.196	0.130				0.097	0.122	0.144

PPOM, Ordered logit model（順序ロジットモデル）＝Ologit.

図7-3　規制促進態度に対する認知的要因の限界効果

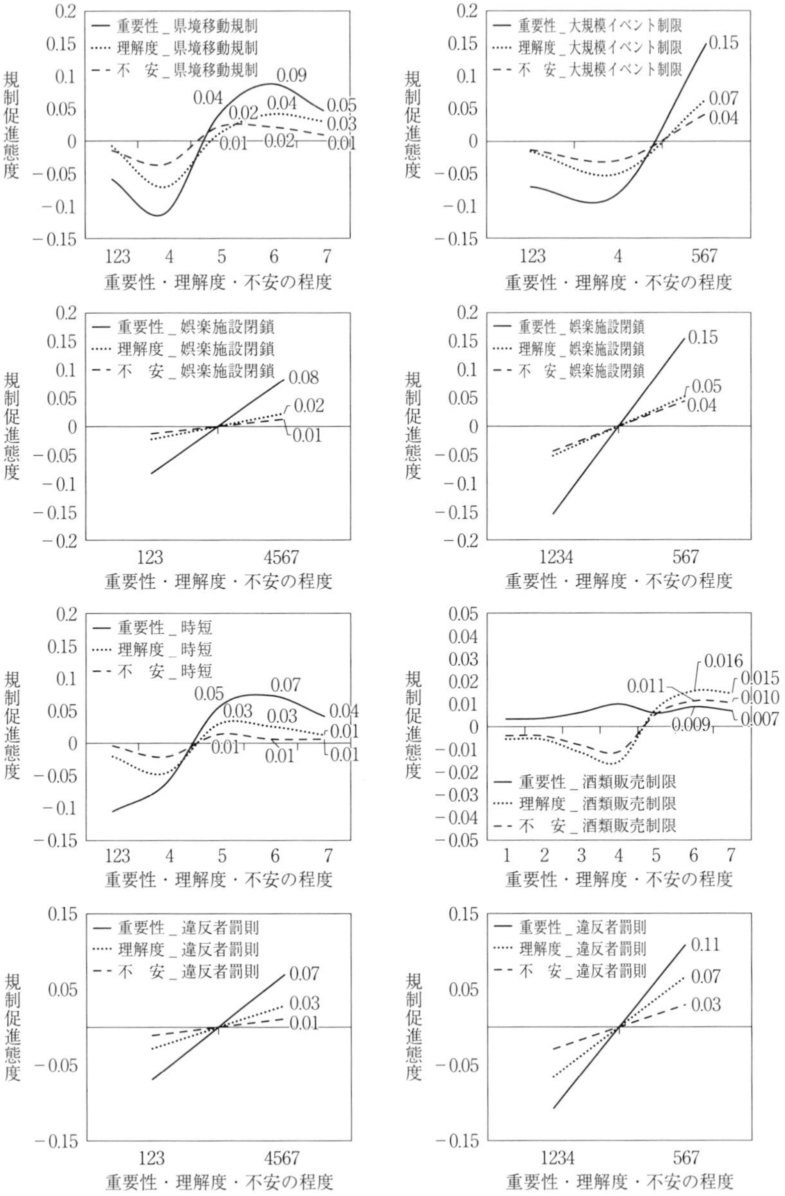

模の相違は、規制に対する態度にほとんど表れない。新型コロナウイルスは、いずれの地域に住む市民にとっても脅威の程度はほとんど変わらないのである。大阪府内に居住しているかどうかは、飲食店での酒類販売制限や県境移動制限に賛同する人が多く、これら一部の規制において、吉村洋文知事のリーダーシップに対する市民の結集効果が推察される。

以上のように、認知的要因の態度への影響が特に明確であるといえる。とりわけ重要性はすべての規制に効果があるようにみえるが、影響の仕方をより詳細に把握するため、各推定において、認知的要因が1単位増加した場合に、限界効果として規制促進態度がどの程度変化するかを求めた[5)]。結果は図7-3のとおりである。これをみると、酒類制限を除くすべての規制において、重要性の程度が高いところで規制促進態度への効果が大きくなる。また、重要性に次いで効果が大きい順は、理解度、不安となっている。酒類制限については、重要性の規制促進態度への効果はほぼ一定であり、尺度が5以上になると理解度や不安よりも重要性の効果は小さくなっている。

6. 不確実性下の自立した市民と政府

規制に対する市民の態度は、特に県境移動規制や大規模イベント制限といった日常生活で必要性の低い活動を対象としたもので強く現れる。市民の態度は、政策を担当する自治体職員と比べて異なる特徴もあった。たとえば、県境移動規制や大規模イベント制限の促進に対する市民の態度は、自治体職員よりやや弱く、逆に違反者への罰則の促進に関しては、自治体職員より強かった。このように市民の態度に固有の性質がみられるのも事実であるが、総じてみれば、市民と自治体職員の規制促進態度は概ね同様の水準にあり、市民は規制促進を支持するのであった。

そのような市民の態度は、パンデミックが進行した2021年6月時点では、

5）娯楽施設閉鎖と違反者への罰則については、尺度の分け方が123でカテゴライズした値→4567でカテゴライズした値と、1234でカテゴライズした値→567でカテゴライズした値の2パターンを推定しているため、2つずつ掲載している。

提供された情報のフレーミングにより扇動されるのではなく、むしろ自立的なものであった。もっとも、政府からの情報発信を想定した場合、それには何らかのフレーミングがなされており、その影響が皆無であるとは考えにくい。ただし、COVID-19パンデミックのような政府が行動レパートリーを予め用意できなかった課題への対応に際しては、政府と市民の情報の非対称性が他分野の政策課題と比較して大きくはならず、他方、パンデミックから1年以上が経過した段階では、市民は多様な情報媒体から学び、自ら判断しようとする自立的主体になっていたと推し量ることができる。市民の自立性は、自然にあらわれるものではなく、このような不確実性が極めて高い社会的状況で、政府の政策対応能力の限界に気づいた時に、具現化されやすいのである。

規制に対する市民の態度に大きな影響を及ぼしているのは認知的要因であった。なかでもパンデミックの問題の重要性をよく認識している市民ほど、規制を促進すべきとする態度をとっていた。こうした結果を念頭におくと、政府が規制強化の支持を得ようと、あらかじめ留意すべき点は、パンデミックの問題の重要性を市民にいかに認識してもらうかである。もちろん、パンデミック初期における問題の重要性と、ウイルスの弱毒の程度が明らかになった時点での問題の重要性の重みは異なる。したがって、問題の重要性提示の是非はともかく、その効果は、政府が規制強化の支持を得ようとする動機の前提として、問題の重要性に対する市民の認識が依然望ましい水準に達していない段階で高くなるといえる。

問題の重要性の提示方法には多様な観点からのものがありうるが、個人の活動が本人や身近な人、そして社会にどれほど負の影響を及ぼし、多大なコストがかかるかが明確にわかるような情報発信が効果的である。既に多様な媒体から情報を入手している自立した市民に対して、情報発信の効果が発現しにくい性質をふまえると、市民の印象に訴えかけつつ理解を深めるような事例やインフォグラフィックを用いた発信情報の形式面での工夫も有益である。不確実性が高い社会において、政府による対応の限界に直面した市民が自立する傍らで、政府の対応能力が低いままでよいわけではない。むしろ、不確実な社会における政府は、市民からの支持を得つつ規制実施時に合意形成を計画的に行えるようなマネジメントの主体としての役割が望まれる。

謝 辞

本研究は京田辺市、同志社大学・同志社女子大学連携研究事業の助成を受けたものである。

参考文献

Andrews, A. C., R. A. Clawson, B. M. Gramig, and L. Raymond. (2017) Finding the right value: framing effects on domain experts. *Political Psychology* 38 (2): 261–278.

Aoki, N. (2021) Stay-at-home request or order? A study of the regulation of individual behavior during a pandemic crisis in Japan. *International Journal of Public Administration* 44 (11–12): 885–895.

Bullock, J. B., and A. Vedlitz. (2017) Emphasis framing and the role of perceived knowledge: A survey experiment. *Review of Policy Research* 34 (4): 485–503.

Chong, D., and J. N. Druckman. (2007) Framing theory. *Annual Review of Political Science* 10 (1), 103–126.

Deslatte, A. (2020) To shop or shelter? Issue framing effects and social-distancing preferences in the COVID–19 pandemic. *Journal of Behavioral Public Administration* 3 (1): 1–13.

Druckman, J. N. (2004) Political preference formation: Competition, deliberation, and the (ir)relevance of framing effects. *American Political Science Review* 98 (4): 671–686.

Druckman, J. N., and R. McDermott. (2008) Emotion and the framing of risky choice. *Political Behavior* 30 (3): 297–321.

Entman, R. M. (1993) Framing: Toward clarification of a fractured paradigm. *Journal of Communication* 43 (4): 51–58.

Fuenzalida, J., G. G. Van Ryzin, and A. L. Olsen. (2020) Are managers susceptible to framing effects? An experimental study of professional judgment of performance metrics. *International Public Management Journal* 24 (3): 314–329.

Goffman, E. (1974) *Frame analysis: An essay on the organization of experience*. Cambridge, MA: Harverd University Press.

Haider-Markel, D., and M. Joslyn. (2001) Gun policy, opinion, tragedy, and blame attribution: The conditional influence of issue frames. *Journal of Politics* 63 (2): 523–533.

Hameleers, M. (2021) Prospect theory in times of a pandemic: The effects of gain versus loss framing on policy preferences and emotional responses during the 2020 Coronavirus outbreak. *Mass Communication and Society* 24 (4): 479–499.

Kahneman, D., and A. Tversky. (1979) Prospect theory: An analysis of decision under risk. *Econometrica: Journal of the Economic Society* 47 (2): 263–291.

Kahneman, D., and A. Tversky. (1984) Choice values, and frames. *American Psychologist* 39 (4): 453–458.

Krosnick, J. A., and L. A. Brannon. (1993) The impact of the Gulf War on the ingredients of presidential evaluations: Multidimensional effects of political involvement. *American Political Science Review* 87 (4): 963–975.

Lecheler, S., C. H. de Vreese, and R. Slothuus. (2009) Issue importance as a moderator of framing effects. *Communication Research* 36 (3): 400–425.

Nelson, T. E., Z. M. Oxley, and R. A. Clawson. (1997) Toward a psychology of framing effects. *Political Behavior* 19 (3) : 221-246.
Slothuus, R. (2008) More than weighting cognitive importance: A dual-process model of issue framing effects. *Political Psychology* 29 (1) : 1-28.
Tversky, A., and D. Kahneman. (1981) The framing of decisions and the psychology of choice. *Science* 211: 453-458.

第8章
新型コロナウイルス感染症（COVID-19）とソーシャル・キャピタル
——東京都を対象としたインターネット調査による検討

立福家徳

1. パンデミックと東京

2019年末に中華人民共和国武漢で確認された新型コロナウイルス感染症（以下、COVID-19）は、瞬く間に世界中に広がり、2020年になると日本国内でも感染が急速に拡大した。国家間の移動が高速化・大衆化した現代における感染症の世界的な大流行（パンデミック）は、日本を含めた多くの国々においてその日常生活を一変させた。

人々の多くは感染のリスクを避け、他者との交流は大きく変化した。たとえば、パンデミック以前には普及の進まなかったリモートワークは広く一般化し、東京都の調査[1)]によると2020年の第1回緊急事態宣言以降概ね6割の企業が実施しており、その割合は企業規模に従って大きくなっている。リモートワークの普及は、満員電車による長時間通勤からの解放と同時に、社内でのフェイス・トゥ・フェイスのやり取りを失わせることになった。また、同じように子どもたちも一斉休校が実施されたことにより、リモート教育で授業時間は確保されたが、休み時間にクラスメイトと交流する時間や課外学習の時間は大きく制限を受けることとなった。さらに、そのような既存の関係性の変化だけでな

1）東京都テレワーク実施率調査結果（2022年3月）。

図 8-1　全国の１日ごとの感染者発表数に占める東京都の割合[2]

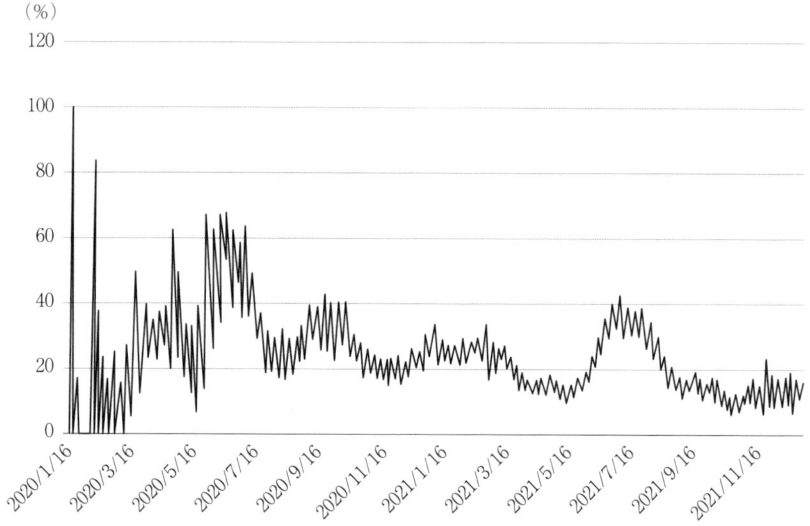

出所：NHK 新型コロナウイルス特設サイトより筆者作成。

く、「自粛警察」や「マスク警察」という新語が生まれ一般化したように、個人の行動に対する周囲の目を強く意識させられるような社会環境が生まれた。

そのような感染リスクへの恐怖は、個人間の関係性の変化だけでなく、特に感染拡大初期に図 8-1 に示すようにその感染者の多くが人口の集中する東京都に集中したことから、東京からの帰省者への嫌がらせや、特定地域との往来自粛を首長が求めるなど、都心部と地方部の関係性にも変化を引き起こした。

このような日本における状況を踏まえると、COVID-19 が社会や生活に与える影響について分析・検討する際には、東京都やその周辺地域とその他の地域とでは異なる特性があることを踏まえる必要があると考えられる。

そこで本章では、東京 23 区に住むモニターを対象として独自に実施した 2

2)　2020 年 1 月 16 日〜2021 年 12 月 31 日のデータ。なお、全国の発表数が 0 の場合、0% としている。また、感染者数で見ても約 173 万人の国内感染者のうち、約 38 万人が東京の感染者と 5 分の 1 以上の感染者を抱えている。

年分（2020年、2021年）のインターネット調査の結果を用いて、COVID-19に対する考えと、ソーシャル・キャピタル（社会関係資本）との関係について検討を行う。

2. ソーシャル・キャピタル——心の外部性

ソーシャル・キャピタルという概念が、政治学、経済学、社会学などの社会科学分野や公衆衛生学（社会疫学）において、研究・分析の対象とされるようになって久しい。ソーシャル・キャピタルとは、稲葉（2005）によると「心の外部性を伴った信頼、互酬性の規範、ネットワーク」と定義されている。ここで、「心の外部性」とは、人々の認知によるものであると意味づけられており、人々の主観によるという特徴を言い表している。

その定量的把握の試みとして、日本では内閣府（2003）があげられる。現在の日本におけるソーシャル・キャピタルの定量的調査は、それとそれを参考にした稲葉の一連の研究をベースに進められており、信頼（一般信頼・特定化信頼）、互酬性（一般互酬性・特定化互酬性）、ネットワーク（つきあい・社会参加）というかたちでの指標化が行われている。特に、行動の制限されるパンデミック下の社会ではネットワークへの参加は明らかに制限されるため、むしろ信頼や互酬性に注目する必要がある。

ここで、ソーシャル・キャピタルに関する定量的研究の中で、本章と関係の深いものをとりあげる。東京都でのソーシャル・キャピタルに関する研究として、都内9区を対象とした稲葉（2013）による調査と、それを分析した戸川（2019）がある。戸川（2019）では、調査対象である9区を都心、山の手、下町の3地区に分けて分析を行っており、個人属性を考慮した上でも橋渡し型ソーシャル・キャピタルと結束型ソーシャル・キャピタル（互酬性）の特徴には地域差があることを示している。

また、新たな感染症によるパンデミックを災害として捉えて、災害とソーシャル・キャピタルの研究についても見ていく。災害復興の研究では「レジリエンス」[3] とソーシャル・キャピタルについての研究が多くみられる。Aldrich（2011）[4] は、災害時にソーシャル・キャピタルがどのように災害復興を促進するか、そのメカニズムについての説明を行っており、強固なソーシャル・キャピタルが復興や再建の妨げとなる集合行動についての問題の助けとなることを指摘している。また、川脇（2019）は東日本大震災に関する独自調査をもとに、ソーシャル・キャピタルの高い地域での災害復興は柔軟かつ内発的なものとなり、持続的なものとなる可能性を指摘している。これらの指摘は、パンデミック終息後の社会活動の正常化や再建において、ソーシャル・キャピタルが助けとなることを強く示唆していると考えられる。

3. インターネット調査の概要

本節では、2020年11月と2021年11月に実施した独自調査[5]について述べる。この調査は、東京23区在住の20～50代の男女を対象として、インターネットモニター調査として実施した。なお、2021年末までに出された東京都の緊急事態宣言は第1回（2020年4月10日～5月25日）、第2回（2021年1月7日～3月21日）、第3回（4月25日～6月20日）、第4回（7月12日～9月30日）の計4回であり、調査期間は「緊急事態宣言」および「まん延防止等重点措置」の期間ではない。そのため、それらによる影響、感染が拡大していることによる心理的なバイアスは比較的小さいものになっていると考えられる。

回答者の主な属性は、表8-1に示した通りである。男女比は両年とも約51：49となっており、平均年齢は約40歳である。職業は約半数が会社員であり、派遣・契約社員・パートタイム従業員・アルバイトといった非正規雇用が20%弱、以下は専業主婦・主夫とつづく。

また、COVID-19による行動の変化として、各調査年の回答者のリモートワーク導入の時期についての結果を表8-2に示す。2019年のパンデミック以

3）レジリエンスは、一般的に回復力や復元力と訳される。

4）ここでは、1923年の関東大震災からの人口回復に対して、ソーシャル・キャピタルに注目した分析を行っており、投票率とデモ回数をソーシャル・キャピタルの代理変数としたときに、それらが人口回復に影響を与えていることを指摘している。

5）委託先であるNTTコムオンライン・マーケティング・ソリューション株式会社の保有するスマートフォンによる回答者のみからなるパネル母体を母集団としている。

表 8-1　回答者の属性

個人属性	2020 年 n = 1017		2021 年 n = 1046	
	度数	平均・ 構成比（%）	度数	平均・ 構成比（%）
性別				
男性	519	51.03	531	50.76
女性	498	48.97	515	49.24
年齢		40.26		40.45
職業				
会社員	505	49.66	520	49.71
自営業・家族従業者 （農業・漁業を含む）	46	4.52	53	5.07
医師・弁護士等の資格職	22	2.16	30	2.87
公務員・団体職員 （教職員を含む）	59	5.80	52	4.97
派遣・契約社員・パートタイム従業員・アルバイト	191	18.78	187	17.88
専業主婦・主夫	93	9.14	84	8.03
学生	38	3.74	51	4.88
無職 （求職者、退職者を含む）	52	5.11	61	5.83
その他	11	1.08	8	0.76

出所：筆者作成。

前にリモートワークを実施した回答者は 10% を下回っていたが、コロナウイルス感染症の感染拡大によって導入が進み、2020 年 4 月の第 1 回緊急事態宣言の発出で約 4 割超の回答者にリモートワークが導入されたことがわかる。特に緊急事態宣言の発出は、通勤が感染リスクを高めるという意識から、導入に踏み切った企業が多かったように推察される。リモートワークの制度がパンデミック終息後も継続されるのかどうかについても、その導入の経緯から継続的に調査を行う必要がある。

ソーシャル・キャピタルに関する指標である信頼と互酬性についての回答は

表 8-2　リモートワークの導入時期

		2019年12月以前から行っている	2020年1月以降、コロナウイルス感染症による緊急事態宣言（2020年4月7日）前から導入された	コロナウイルス感染症による緊急事態宣言（2020年4月7日）後に導入された	2021年になって導入された	導入されていない	働いていない
2020	%	9.8	12.8	24.9		49.4	3.0
n＝834	n	82	107	208		412	25
2021	%	6.9	15.4	20.7	3.4	48.7	4.8
n＝850	n	59	131	176	29	414	41

出所：筆者作成。

表 8-3　信頼と互酬性（%）[6]

		あてはまる	ややあてはまる	あまりあてはまらない	あてはまらない
一般的に、人は信頼できる	2020	7.08	43.66	37.36	11.90
	2021	7.27	43.98	34.03	14.72
「旅先」や「見知らぬ土地」で出会う人は信頼できる	2020	3.34	33.24	47.69	15.73
	2021	3.25	32.22	46.56	17.97
人を助ければ、今度は自分が困っているときに誰かが助けてくれる	2020	11.80	48.28	29.11	10.82
	2201	10.99	46.08	29.35	13.58
人を助ければ、いずれその人から助けてもらえる	2020	8.16	39.13	39.13	13.57
	2021	8.70	37.95	37.38	15.97

出所：筆者作成。

表8-3に示した通りである。信頼に関する項目を見ると、「一般的に、人は信頼できる」という一般信頼に「ややあてはまる」以上で回答しているのは約50%、「『旅先』や『見知らぬ土地』で出会う人は信頼できる」という旅先での

6)　サンプルサイズは、2020年がn＝1017、2021年がn＝1046である。

表 8-4 COVID-19 に関する考え (%)[7]

		あてはまる	ややあてはまる	あまりあてはまらない	あてはまらない
コロナウイルス感染症に対して、正確な情報を得ることは重要である	2020	54.87	37.95	5.31	1.87
	2021	53.25	35.09	8.89	2.77
マスク着用やソーシャルディスタンスを守ることは重要である	2020	58.60	33.24	6.29	1.87
	2021	58.70	29.54	8.03	3.73
今はコンサートなどのイベントを自粛する必要がある	2020	31.56	45.03	18.68	4.72
	2021	22.18	42.73	26.86	8.22
コロナウイルス対策をしている飲食店や施設を利用したい	2020	40.22	42.67	11.21	5.90
	2021	40.73	42.07	11.95	5.26
人とのつながりの重要性をより感じるようになった	2020	20.75	42.67	29.50	7.08
	2021	18.16	42.16	31.26	8.41
ワクチン接種の普及で安心を感じるようになった	2021	18.83	50.19	22.85	8.13

出所：筆者作成。

信頼を特定化信頼とすると、「ややあてはまる」以上で回答しているのは約 35% となっている。また互酬性の項目では、「人を助ければ、今度は自分が困っているときに誰かが助けてくれる」という一般互酬性に「ややあてはまる」以上で回答しているのは約 60%、「人を助ければ、いずれその人から助けてもらえる」という特定化互酬性に「ややあてはまる」以上で回答しているのは約 45% となっている。

それぞれの項目について、2020 年と 2021 年では大きな変化は見られないことが分かる。

次に、COVID-19 に関する考えについての回答は、表 8-4 に示した通りである。まず「コロナウイルス感染症に対して、正確な情報を得ることは重要である」という質問に対しては、両年ともに 50% 以上が「あてはまる」と回答しており、「ややあてはまる」まで加えると 9 割以上の回答者が正確な情報の重要性を認識していることが見て取れる。次に、パンデミック後に広く一般化

7) サンプルサイズは、2020 年が n＝1017、2021 年が n＝1046 である。

したマスク着用とソーシャルディスタンスについては、その重要性を正確な情報と同程度かそれ以上に認識していることが分かる。ここで、イベントの自粛の必要性については、2020年と2021年との間に差が見られる[8)]。2020年時点では、自粛の必要性を76.6％が「あてはまる」「ややあてはまる」と回答していたのに対し、2021年時点ではそれが64.9％と10％以上減少している。さらに、対策をしている飲食店や施設の利用については、ともに「あてはまる」が約40％、「ややあてはまる」が約42％と変化はなく、2020年以降コロナウイルス対策を重視していることがわかる。また、COVID-19の流行によって約6割が「人とのつながりの重要性をより感じるようになった」と回答している。最後に、ワクチン接種が進められた2021年調査のみの質問項目としてワクチン接種の普及で安心を感じるようになったかという質問に対しては、約7割が「あてはまる」、「ややあてはまる」と回答しており、ワクチン接種の普及により不安が軽減されたという結果が得られた。

4. COVID-19とソーシャル・キャピタル

前節で詳述したデータを用いてソーシャル・キャピタルとCOVID-19に関する考えについて、関係性があるかどうかという点に注目して分析を行う。具体的には、信頼と互酬性に関する項目4つについて、「あてはまる」と「ややあてはまる」との回答者をSCが高いグループと、「あまりあてはまらない」と「あてはまらない」との回答者をSC変数が低いグループとで比較を行う。

まず、COVID-19に関する考えについて「あてはまる」を1、「ややあてはまる」を2、「あまりあてはまらない」を3、「あてはまらない」を4として、ソーシャル・キャピタルの高いグループと低いグループごとに平均値を求める。次に求めた平均値について、グループ間に差があるかMann-Whitneyのu検定をおこなう。

一般信頼と特定化信頼についての結果が、表8-5に示されている。表中の数字は平均値であり、グレーの網掛けがMann-Whitneyのu検定で5％水準で

8）　この項目のみが、2020年と2021年の間で統計的に有意な差が認められた。

表 8-5　COVID-19 に関する平均（信頼）[9]

	一般信頼				特定化信頼			
	2020 年		2021 年		2020 年		2021 年	
	SC 低	SC 高	SC 低	SC 高	SC 低	SC 高	SC 低	SC 高
コロナウイルス感染症に対して、正確な情報を得ることは重要である	**1.62**	**1.47**	**1.73**	**1.50**	1.58	1.48	**1.67**	**1.49**
マスク着用やソーシャルディスタンスを守ることは重要である	1.58	1.45	1.65	1.49	1.53	1.48	1.62	1.47
今はコンサートなどのイベントを自粛する必要がある	1.98	1.95	2.25	2.18	1.95	2.00	2.22	2.18
コロナウイルス対策をしている飲食店や施設を利用したい	1.90	1.76	**1.96**	**1.68**	1.86	1.77	**1.88**	**1.66**
人とのつながりの重要性をより感じるようになった	**2.50**	**1.96**	**2.55**	**2.06**	**2.40**	**1.94**	**2.43**	**2.01**
ワクチン接種の普及で安心を感じるようになった			**2.39**	**2.03**			**2.29**	**2.02**

出所：筆者作成。

統計的に有意で、太字となっているものが 1% 水準で統計的に有意である（表 8-6 の分析においても同じ）。

結果を見ると、一般信頼について、2020 年と 2021 年ともにグループ間の差が認められたのは、「今はコンサートなどのイベントを自粛する必要がある」以外のすべての項目である。一般信頼が高いグループの方が、正確な情報の重要性、マスク着用やソーシャルディスタンスの重要性、対策を行っている飲食店の利用意向、人とのつながりの重要性の再認識について、そのように考えているということが見られた。

また特定化信頼について、2020 年は人とのつながりの重要性の再認識のみがグループ間で差が見られたが、COVID-19 の感染拡大が長期化するにつれて、正確な情報の重要性、対策を行っている飲食店の利用意向について、一般信頼と同様の傾向が見られた。これは、旅行の自粛によって、旅先での特定化信頼が一般信頼に近づいたことを強く示唆している。

---

9)　サンプルサイズは、2020 年が n＝1017、2021 年が n＝1046 である。

表 8-6　COVID-19 に関する平均（互酬性）[10]

	一般互酬性				特定化互酬性			
	2020 年		2021 年		2020 年		2021 年	
	SC 低	SC 高	SC 低	SC 高	SC 低	SC 高	SC 低	SC 高
コロナウイルス感染症に対して、正確な情報を得ることは重要である	1.68	1.45	1.79	1.48	1.64	1.43	1.70	1.51
マスク着用やソーシャルディスタンスを守ることは重要である	1.64	1.43	1.72	1.45	1.58	1.44	1.62	1.51
今はコンサートなどのイベントを自粛する必要がある	1.96	1.97	2.30	2.15	1.97	1.96	2.29	2.12
コロナウイルス対策をしている飲食店や施設を利用したい	1.99	1.72	2.00	1.68	1.92	1.73	1.91	1.72
人とのつながりの重要性をより感じるようになった	2.57	2.00	2.62	2.06	2.47	1.96	2.51	2.06
ワクチン接種の普及で安心を感じるようになった			2.40	2.05			2.35	2.03

出所：筆者作成。

さらに、マスク着用やソーシャルディスタンスの重要性において、一般信頼については両年ともグループ間で差が認められたが、特定化信頼については両年とも差が認められなかった。この違いについては、さらなる検討が必要であるが、特定化信頼の対象の方が自分の物理的近くにいるイメージであることから、その対象に対する信頼とは別の要因が影響していることが推察される。

最後に、2021 年のみの質問項目であるワクチン接種の普及による不安の軽減については、一般信頼、特定化信頼の高い方がより安心を感じるようになったことが確認された。

次に、一般互酬性と特定化互酬性についての結果が、表 8-6 に示されている。

ここでは、一般互酬性について、2020 年の「今はコンサートなどのイベントを自粛する必要がある」以外のすべての項目でグループ間の差が認められた。一般互酬性が高いグループの方が、正確な情報の重要性、マスク着用やソーシャルディスタンス重要性、対策を行っている飲食店の利用意向、人とのつなが

10)　サンプルサイズは、2020 年が n＝1017、2021 年が n＝1046 である。

りの重要性の再認識について、そのように考えているという一般信頼と同様の結果が得られた。それに加えて、2021年は一般互酬性が高いグループの方がコンサートなどのイベント自粛の必要性について、そのように考えているという結果が得られた。

また特定化互酬性について、2020年は一般互酬性と同様の結果が得られたが、2021年になるとマスク着用やソーシャルディスタンスの重要性について特定化互酬性が高いグループと低いグループとの間での差は統計的に確認できなくなった。その一方で、コンサートなどのイベント自粛の必要性については、一般互酬性と同様に、特定化互酬性の高いグループの方がその必要性を感じているという結果が得られた。

それらの違いについて整理すると、一般と特定化ともに互酬性が高いグループは、COVID-19による影響が長期化する中で、イベントの自粛の必要性についてグループ間で差が生じた。イベントの自粛の必要性については、2020年と2021年の回答との間にも差があることから、全体として自粛ムードが緩和する中で互酬性の違いによってその程度に差が生じたと見ることができる。マスク着用については、信頼の場合と同様にその対象との互酬性とは別の要因が影響していることが推察されるがこちらも今後検討が必要である。

互酬性についても、2021年のみの質問項目であるワクチン接種の普及により不安の軽減については、一般信頼、特定化信頼と同様に、一般互酬性、特定化互酬性の高いグループの方がより安心を感じるようになったことが確認された。

5. パンデミック終息後のソーシャル・キャピタル

本章では、2020年と2021年の11月に実施した独自調査のデータを用いて、パンデミック後のCOVID-19に関する考えとソーシャル・キャピタルとの関係について分析を行った。最後に、COVID-19とソーシャル・キャピタルとの関係について整理を行ったうえで、パンデミック終息後の社会で期待されるソーシャル・キャピタルの役割とそのための施策について考えたい。

分析結果からは、2020年と2021年へとパンデミックの期間が長くなることで、COVID-19に対する考えについて、一般信頼と特定化信頼との間での傾向の違いが小さくなったことが見られた一方で、互酬性については一般互酬性と特定化互酬性の間で大きな傾向の違いは見られなかった。また、2020年と2021年のデータで減少していたイベント自粛の必要性については、互酬性の水準によって必要性を感じなくなる対象者の傾向に差が生じている[11)]。加えて、ワクチン接種の普及によって、安心を感じるようになったかどうかという点について、ソーシャル・キャピタルが高いグループの方が、低いグループよりも安心を感じるようになったという点は、大変興味深い。ワクチンを接種するという行動ではなく、普及によって安心するという心理変化についても信頼、互酬性によって差があることは、パンデミック終息後の社会活動の再開にあってもソーシャル・キャピタルが重要であることを示唆している。

次に、信頼と互酬性が高いグループの方が、「人とのつながりの重要性をより感じるようになった」という結果は、ソーシャル・キャピタルの要素の一つであるネットワークに対する評価が、他の要素である信頼や互酬性の高低と関係していることを示している。このことは、リモートワークやリモート授業などで、フェイス・トゥ・フェイスのやりとりの機会が減少するパンデミック中に、失われた人とのつながりに対する回復への希求がソーシャル・キャピタルの他の要素に影響を受けているということを示している。これは、2020年から失われたつながりを回復するために信頼や互酬性が重要であることに加え、感染症という新たな災害を契機として新たな視点からのソーシャル・キャピタル研究の必要性を示唆している。

東日本大震災のあと、ソーシャル・キャピタルの重要性がさかんに指摘された時と同様に、パンデミック終息後にもソーシャル・キャピタルの重要性が指摘されることになることが予想され、コミュニティ再建や交流の場の整備という形で、ネットワークの構築、信頼や互酬性の醸成を図る施策も政府等によって実施されるであろう。その際には、その成果や効果について十分な検証が行われることが重要である。立福（2019）でも指摘したように、ソーシャル・キ

11）ともに、平均値は増大しているので、必要性は減少しているが、その程度が異なっている。

ャピタルに関する施策の評価は市民の参加を通じて、ソーシャル・キャピタルをさらに醸成させる効果が期待される。また、その検証にはソーシャル・キャピタルのダーク・サイドによる弊害を回避する仕組みづくりも期待される。この場合のダーク・サイドの例として、基礎疾患を持っていることにより物理的な形での社会参加が難しい人や、その家族など画一的な施策では、孤立を深める層が生じることが第一に考えられる。そのように、ネットワークから取りこぼされた人々への介入は、地域のソーシャル・キャピタルを用いて、主体的かつ柔軟に解決されることが望ましい。

COVID-19による社会環境の変化は、「マスク警察」や「自粛警察」といった言葉を生み、ソーシャル・キャピタルにも望ましくない影響を与えた。しかし、パンデミック終息後に我々が日常生活を取り戻すためには、ソーシャル・キャピタルによるレジリエンスが欠かせない。そのために今後も継続して、COVID-19とソーシャル・キャピタルの状況について、定量的に調査・研究を進めていくことの重要性を指摘してまとめとしたい。

謝　辞

本章の作成にあたって、日本社会関係学会第2回研究大会において、討論者の柳原透氏（拓殖大学名誉教授）をはじめ参加者の方々から有益なコメントをいただいた。ここに記して感謝の意を表したい。なお、本章における誤りはすべて筆者に帰するものである。

参考文献

Aldrich, D. P (2011) *Building Resilience: Social Capital in Post-Disaster Recovery*, The University of Chicago Press（＝2015、石田祐・藤澤由和訳『災害復興におけるソーシャル・キャピタルの役割とは何か――地域再建とレジリエンスの構築』ミネルヴァ書房）.

稲葉陽二（2005）「ソーシャル・キャピタルの経済的含意――心の外部性とどう向き合うか」『計画行政』28（4）、日本計画行政学会、17-22。

稲葉陽二（2013）「『暮らしの安心・信頼・社会参加に関するアンケート調査』2012年東京都九区調査の概要」『政経研究』50（1）、日本大学法学会、239-266。

NHK 新型コロナウイルス特設サイト〈https://www3.nhk.or.jp/news/special/coronavirus/data/〉2022年7月13日アクセス。

川脇康生（2019）「防災・災害復興で求められる地域コミュニティの機能」辻中豊・山内直人編『ソーシャル・キャピタルと市民社会・政治』ミネルヴァ書房。

立福家徳（2019）「地域課題と NPO・市民活動」辻中豊・山内直人編『ソーシャル・キャピタルと市民社会・政治』ミネルヴァ書房。

東京都テレワーク実施率調査結果（2022 年 3 月）〈https://www.metro.tokyo.lg.jp/tosei/hodohappyo/press/2022/04/07/04.html〉2022 年 7 月 13 日アクセス。

戸川和成（2019）「コミュニティ特性の構造要因を探る――東京の都心・下町・山の手の比較から」辻中豊・山内直人編『ソーシャル・キャピタルと市民社会・政治』ミネルヴァ書房。

内閣府（2003）「平成 14 年度　ソーシャル・キャピタル：豊かな人間関係と市民活動の好循環を求めて」株式会社日本総合研究所。

第９章
COVID-19による日本社会の変容と企業の持続可能な発展

鈴木貴大

1. ステイクホルダーとの「協働」とSDGs

(1) 外部環境の変化に適応するための「協働」の意義

COVID-19（以下、新型コロナウイルスと表記）の感染拡大によって、企業をはじめとする多くの組織が外部環境への適応を求められている。本章では、「ステイクホルダーとの協働」を軸として、企業の持続可能な発展に関して議論を展開していく。

ステイクホルダーとは、顧客、納入業者、従業員、株主、銀行、コミュニティ、そして経営者など、企業を構成する諸活動と利害関係をもつ諸集団のことを意味する（Freeman, Harrisons, and Wicks 2007: 3-4: 邦訳3-4）。ステイクホルダーの概念が登場した当初は、企業の諸活動に直接的に関わりをもつ主体を意味していたが、今日ではその範囲がさらに拡張され、「企業が業務活動のあらゆる側面において接触し、相互に影響を与え合う関係にあるすべての社会的主体」を意味する概念として広く用いられている（中村 2003: 4）。経営学においては、多岐にわたるステイクホルダーが相互に利害を調整し、協力し合いながら継続的な関係を構築することを多元的利害関係者論として捉え、マルチ・ステイクホルダー・アプローチというひとつの分析視角をなしている。

企業が不確実性の高い状況に適応していくためには、政府による要請のみならず、自発的かつ自律的なガバナンス体制の構築が重要となる。加えて、こうした取り組みは、企業単体で実践していくには限界があるため、様々なステイクホルダー（政府や医療法人など）との協働も不可欠となる。一方で、社会からの要請（たとえば、政府によって発令される緊急事態宣言やまん延防止等重点措置など）が企業の事業活動に制限をかけることで、一部の業界・業種では経営危機に直面する事態が発生している。新型コロナウイルスの感染防止や抑制（社会性）と企業の成長・発展（経済性）とは二律背反の関係なのか否か。むしろ今、これらを両立させる取り組みを模索することには一定の意義があると考える。

(2) SDGsによる企業の「経済性」と「社会性」の両立

コロナ禍（あるいは、アフター・コロナ）において、企業が「社会性」と「経済性」とを両立する上で、重要となる取り組みとしてSDGs（Sustainable Development Goals: 持続可能な開発目標）が挙げられる。SDGsは、その前身であるMDGs（Millennium Development Goals: ミレニアム開発目標）の残した課題を踏襲して、2015年9月にニューヨークの国連本部で開催された「国連持続可能な開発サミット」において採択された。17のゴールと169のターゲットから構成された2030年までに持続可能でよりよい世界を目指すための国際目標である。

2015年に開催された「国連持続可能な開発サミット」を嚆矢に、日本でも関心が高まっており、テレビ番組でSDGsに関する特集があったり、街中でロゴが示されていたりなど広く浸透していると理解される。また、企業のみならず、行政や大学、NPO法人など多くの主体がSDGs活動に取り組んでいる事例も散見される。他方、企業の「社会性」と「経済性」との両立は、ポーター（M. Porter）とクラマー（M. R. Kramer）が提唱したCSV（Creating Shared Value: 共有価値の創造）をはじめとして、SDGsへの関心が高まる以前より議論されてきた。これらの議論は、「企業の事業活動に社会的課題の解決をいかにして組み込むのか」であったが、コロナ禍において企業の経営が逼迫される状況において「社会性を担保した上で、いかにして企業は成長・発展していくことができるのか」の問題が表面化したことを受けて、より一層、その重要性が高まっていると考えられる。以上のことから、本章では、未曽有の事態によって社会が変容するなかで、企業が直面する課題を剔抉《てつけつ》した上で、企業の自発的かつ自律的取り組みとステイクホルダーとの協働の観点から、企業の持続可能な発展に求められることを検討する。

2. 日本における COVID-19 の影響と社会の変容

(1) 日本経済の変化

2019 年末、中国・武漢において新型コロナウイルスが発見されてから、欧州、米国で爆発的に感染が広がり、世界的なパンデミックが起きた。他の国と比して例外なく日本でも新型コロナウイルスの感染拡大が進行するなかで、鶴(2020b) は日本経済への影響を 3 つの段階に分けている。第一段階は、日本国内への感染が拡大する前、武漢での感染急拡大を受けて、中国からの部品供給がストップしたことで中国の部品を使用する製造業に影響を与えたことである。第二段階は、国内感染が広がるなかで、人の移動・集まりが極端に制限されることにより、国内の特定の産業（観光業、鉄道業、航空業、飲食業、エンターテインメント・イベント業）が大きな需要ショックを受けたことである。とりわけ、2020 年 4 月の緊急事態宣言以降、人と人との接触が前提となる産業(Face to Face: F2F 産業）のなかでも「三密」（密閉・密室・密集）となりやすい産業は、大都市圏を中心に休業要請が出され、産業としての供給が制約されることとなった（鶴 2020b: 47)。第三段階は、海外と日本の間で人の移動が極端に制限されるとともに、世界的な需要・供給ショックの連鎖、増幅によって表面化した大幅な輸出減少に端を発する影響である（鶴 2020b: 46-47)。

鶴（2020b）はコロナ禍の日本経済において顕在化した課題として、デジタル化・情報通信技術（ICT)、ビッグデータ・人工知能（AI）の活用が遅れていることを指摘している。日本はこれまで、「人力」による情報の伝達・共有によって高い優位性を築いてきた。しかしながら、これが新たな技術の積極的な受け入れを妨げる要因として作用してきたことも事実である。実際に、日本では感染者数という最も基本的なデータさえ、関係機関がファックスを用いて情報の伝達・共有を行ったため、数値に誤りが生じた事例もある。また、従業員の感染を防止するために、多くの企業がテレワークの推進を図ったが、これを迅速に行うための環境（ハードウェア、ソフトウェア、通信環境、居住環境など）が十分に整備されていなかったことも指摘されている（鶴 2020b: 56）。

(2) 人流抑制によるテレワークの推進

テレワークの推進は、企業にとってどのような利点があり、同時にどのような課題を生じさせるのだろうか。東京都産業労働局が公表した資料によれば、2020年6月30日時点でテレワークを導入している東京都内の企業は、全体で57.8%（大企業（従業員数300人以上）: 76.8%、中規模企業（従業員数100-299人）: 65.1%、小規模企業（従業員数30-99人）: 49.0%）となっており、2019年度が全体で25.1%であったことと比較して増加していることがわかる（東京都産業労働局 2020: 1）。その後、2021年2月においても、東京都内の企業の内59%がテレワークを導入しており、比較的高い水準で推移している（日経産業新聞 2021年3月17日付：15）。さらに、企業の正社員で、新型コロナウイルスの感染が収束した後も、テレワークを続けたいと考えている人は78.6%（日経産業新聞、2021年3月29日付：13）となっていることからも、今後、より浸透・定着していくことが推察される。

テレワークの導入は、通勤時間や満員電車によるストレスの削減が見込まれる点、地理的距離が解消される点など、様々なメリットが挙げられる。一方、職務遂行時のプロセスや行動が不明確になることで、人事評価における公平性が損なわれる危険性がある点が危惧される。とりわけ、上司と部下との心理的距離が離れることでコミュニケーションが不十分となることは、トップ・マネジメントと現場の乖離を拡大させる要因にもなるであろう。また、経営倫理（business ethics）における行動倫理学（behavioral ethics）アプローチに依拠すれば、人間は不正をはたらくことのできる機会があれば、非倫理的行動をとる可能性があるとされる。つまり、テレワークの推進によって、個々の従業員を監視・統制する機能が弱まることは、従業員が不正をはたらきやすい環境をつくりだすことにも繋がりかねない。したがって、テレワークの推進によって生じる、組織内でのコミュニケーションの希薄化、そして、これによって顕在化される危険性を有している従業員を監視・統制するための機能の脆弱化といった課題をいかに防止・排除するのかが問われることとなる。

(3) 価値観・行動の変化と格差問題

新型コロナウイルスの感染拡大は、労働の「あり方」をはじめとする日本経済のみならず、個々人の価値観や行動にも変化を与えたことから、社会全体に波及したといえる。たとえば、感染を防止するために日常的なマスクの着用やソーシャルディスタンスの確保などは不可欠となり、飲食を伴う会食を行えば、それが社会に反する行動として批判されることもしばしば見受けられるようになった。外出自粛や行動の制限により、人々の心理状態が不安定になっていることも推察される。他方で、吉川（2022）は、2020 年 3 月と 2021 年 3 月との比較分析を通じて、コロナ禍の経過に伴う人々の主観的な意識や態度の変化はあまり見られないことを指摘している。もちろん、調査計量の結果は、主観のどの側面をいかなる指標によって扱うか、とりわけ日常生活の変化、感染リスク認知、ワクチン接種に対する賛否、政策や行動制限への意見のように、直接的にコロナ禍に関わる KAP サーベイ項目[1)]であるか、あるいは一般的な態度項目であるかによって異なる。また、いかなる調査対象者について、どのタイミングでどの程度の期間の変化を調査するかといった調査設計によっても左右される。さらに、分析方法によっても結果に違いが生じる。しかしながら、2020 年 4 月から 5 月の第 1 回緊急事態宣言発出時や海外におけるロックダウン時の一時的な心理的反応を除くと、コロナ禍継続時に人々の主観に大きな変化が生じた結果はみられない（吉川 2022: 128）。

上記のように、個々人のレベルでいえば、人びとの価値観や行動に変化を与えたか否かについては意見が分かれるところであるが、日本社会といった広い視点からみれば、新型コロナウイルスはたしかに影響を及ぼしている。以下では、高橋（2021）、そして周（2021）の先行研究に依拠して、新型コロナウイルスの影響によって浮き彫りとなった格差問題についてみていく。

1）KAP とは、knowledge attitude and practice の略であり、ある特定の社会的トピックについての人々の認知、それに対する評価的な態度、そして日常的な行動実践を社会全体の規模で把握する目的で実施される定量的調査を指す（吉川 2022: 127）。

高橋（2021）は、コロナ禍での非正規雇用者の減少幅はリーマンショック時（2008）より大きく、正規雇用者が増加している一方で、非正規雇用者が減少していることから、正規雇用者と非正規雇用者との格差が大きくなったと指摘している。また、雇用が継続していても、非正規雇用者の労働時間は減少幅が大きく、それに伴った月収の減少に起因した家計の赤字といった負の因果連鎖が発生している。加えて、この因果連鎖の端緒となる労働時間の減少は、パート・アルバイト、派遣労働者に顕著にみられたことから、雇用形態による格差問題が表面化していることがいえる（高橋 2022: 191-192）。

また、周（2021）によれば、2020年4月1日から11月上旬までの約7か月間に、雇用状況に大きな変化を経験した人の割合が、男性18.7%に対し、女性26.3%と男性の1.4倍、非正規女性が33.1%と男性の1.8倍となっていることから、コロナ禍は女性（とりわけ非正規女性）の雇用に大きな被害をもたらしたとされる（周 2022: 198）。コロナ禍の被害が男性よりも女性に集中している要因として、周（2022）は3つ挙げている。第一に、飲食・宿泊など、女性雇用者の多い業種がコロナ禍の影響を大きく受けたことである。第二に、6割弱の女性が雇用調整の対象になりやすい非正規雇用者として働いていることである。第三に、家事や育児負担が女性に偏っていることである（周 2022: 206）。雇用形態による格差問題も重要な社会課題であるが、コロナ禍以前より問題とされていた性別による格差問題がより顕著にみられることは、日本社会における喫緊の社会課題であるといえる。

3. COVID-19により表面化した諸問題に対する企業の取り組み

(1) ファストフード業界におけるICT技術の活用

経済産業省の調査によれば、新型コロナウイルスの影響をもっとも大きく受けたのは第三次産業の約11%を占める「生活娯楽関連サービス」である。新型コロナウイルスの影響がとくに大きかった2020年の3月から5月では、第三次産業の内、生活娯楽関連サービス以外では、第三次産業の活動の活発さを表す「第三次産業活動指数」が前年同月比のプラス・マイナス10%の間にあり、その後4月、5月と徐々に低下幅の大きい業種が増えていることに対し、生活娯楽関連サービスは、2020年3月時点で90%以上低下している業種が多く、4月以降さらにその業種が増えている[2]。

生活娯楽関連サービスのなかでも、とりわけ「食堂、レストラン、専門店」、ホテル、そして「パブレストラン、居酒屋」が大きな影響を受けたとされる。2020年4月に緊急事態宣言が発出され、不要不急の外出自粛要請や休業要請が求められた。その後、一時的に緊急事態宣言が解除されることはあったものの、感染者数の増加とともに二度目、三度目の緊急事態宣言の発出や「まん延防止等重点措置」によって客数、営業時間、あるいは酒類の提供が制限されたことで効率的な営業ができなかったことがこの要因であると考えられる。

他方、飲食業界のなかでも、テイクアウトの充実や宅配サービス（Uber Eatsや出前館など）との連携によりこうした危機を乗り越える施策に注力している企業や店舗も存在している。とりわけ日本マクドナルドホールディングス（以下、マクドナルドと表記）は、直営店の半数以上に備えられたドライブスルー設備の改善を行い、回転率を向上させるためにスピード重視の提供を行った結果、2020年4月における前年同月比の経営実績は、客数が18.9%減少したものの、客単価が31.4%増加し、売上高は6.5%の増加であった。その後5月も売上高15.2%の増加となっている[3]。加えて、マクドナルドでは2015年以降、アプリでの注文、キャッシュレス決済、そしてディスプレイに表示された番号での商品受け取りといった店頭での注文や商品提供にIT技術の導入を進めていた。IT技術の導入は、新型コロナウイルスの影響に対応することを目的とした投資ではなかったが、利便性や省人化への投資が、人との接触を最小限に抑えながらの営業を可能にしたのである（佐々木・今川ほか2020: 70）。

2）　経済産業省HPを参照。〈https://www.meti.go.jp/statistics/toppage/report/minikaisetsu/hitokoto_kako/20200728hitokoto.html〉（最終アクセス日：2022年4月17日）

3）　日本マクドナルドホールディングス株式会社HP「セールスリポート」を参照。〈https://www.mcd-holdings.co.jp/ir/sales_report/〉（最終アクセス日：2022年4月23日）

(2) IT業界を中心とした正の影響とアフター・コロナにおけるテレワークの意義と課題

日本でも1990年代以降、情報技術（Information Technology: IT）が急速に普及し、今日ではICT技術として社会に浸透している。加えて、新型コロナウイルスの影響により、「三密」の回避が求められたことから、Zoomを用いたオンライン会議の実施など、その需要は高まった。こうした需要の変化は、従来までの直接的なコミュニケーションではなく、ICT技術を活用したコミュニケーションを促進させ、企業のビジネス・モデルにも変化をもたらしたと考えられる。

たとえば、ルーターなどコンピュータネットワーク機器の開発を手掛けるシスコシステムズ合同会社（以下、シスコシステムズと表記）の2020年度2月から4月の決算によると、同社の主力製品であるルーターなどの製品販売部門の売上げは、新型コロナウイルスの影響により前年度比12%減少となっている。他方、サービス部門では前年度比5%の売上上昇がみられ、そのうち74%が、サブスクリプションにて提供するオンライン会議システムの「ウェブex」であった（森2020: 107）。さらに、シスコシステムズは、新型コロナウイルスに対応した短期的な取り組みとしてオンライン会議システムを提供するのみならず、このシステムを通じて、ルーターなどの購買を担当する企業の情報システムとの繋がりを強化することで、エンドユーザーである社員との関係性強化を図った。つまり、一度製品を販売すれば、故障やトラブルが起こらない限りユーザーと接することのない従来型のビジネス・モデルではなく、ユーザーと接する機会を増やすことで、自社のサービスがなぜ利用されているのか、あるいはされていないのかを追求するビジネス・モデルに転換したといえる。加えて、オンライン会議システムには大量のデータ送受信を要するため、そのデータを集約することで本業であるルーターなどの情報インフラ製品の開発に活かすことも可能となり、製品販売も改善され、総合的に企業ブランドの向上にも大きく貢献したのである（森2020: 153-154）。

ICT技術は、コロナ禍において大きな需要を生み出したことで、その技術もさらに向上してきており、アフター・コロナにおいてもかかる技術に対する需要は残り続けると考えられる。たとえば、NTTグループでは、2021年9月にテレワークをグループの基本的な働き方と位置付け、転勤や単身赴任を段階的に消滅させる方針を打ち出した。さらに、2022年7月より、グループ主要会社の約3万人の従業員を対象として、自宅でのテレワークを原則とし、居住地の制限もなくす新たな制度を導入している[4)]。こうした取り組みは、先に挙げた転勤や単身赴任だけでなく、育児を担う従業員にも仕事と家庭とを両立させる仕組みとなり、様々な従業員のワーク・ライフ・バランスの実現に寄与するといえる。それだけでなく、これまで他国と比較して遅れていた日本社会におけるICT技術の導入・活用を推し進める契機となるであろう。その一方で、前述した人事評価における公平性をいかにして担保するのかは、テレワークを推進する上での課題として残ることも忘れてはならない。

(3) 男女格差是正の意義

日本では、2003年の小泉内閣において、「社会のあらゆる分野において、2020年までに指導的地位（議会議員、法人・団体等における課長相当職以上の者、専門的・技術的な職業のうち、特に専門性の高い職業に従事する者）に女性が占める割合が、少なくとも30%程度になるよう期待する」という目標、すなわち「202030（にいまるにいまるさんまる）」が掲げられていた。しかしながら、2020年時点での女性の管理職比率は7.8%という結果であり、30%に大きく及ばなかった[5)]。さらに、世界経済フォーラム（WEF）が2021年3月に公表した“The Global Gender Gap Report 2021”によれば、日本のジェンダーギャップ指数（GGI）は0.656であり、世界156カ国のなかで120位（前回、153カ国中121位）となっている。これは、先進国のなかで最低レベルであり、韓国や中国、そしてアジア諸国と比較しても低い結果である（WEF 2021: 10)。とりわけ、「経済」（156カ国中117位）と「政治」（156カ国中147位）の分野に関して

4) 読売新聞オンライン「NTT、7月から原則テレワークに…　居住地の制限なし・出社は『出張』扱い」2022年6月18日付。〈https://www.yomiuri.co.jp/economy/20220618-OYT1T50214/〉（最終アクセス日：2022年6月30日）

5) 帝国データバンク「特別企画：女性登用に対する企業の意識調査（2020）」2020年8月17日。〈https://www.tdb.co.jp/report/watching/press/pdf/p200803.pdf〉（最終アクセス日：2022年10月7日）

の順位が低く、女性の管理職や政治家の人数が少ないことが問題とされている。

女性管理職比率の増加は、組織の業績向上やガバナンスの強化に加え、マイノリティは構成比率が30% を超えるとマイノリティではなくなり、意思決定に影響を及ぼすようになる「黄金の３割」の状態を構築することで、より健全な意思決定が実行されるようになり、ジェンダー平等社会の実現を推し進めることが可能となる（苅田 2022: 1）。しかしながら、日本ではジェンダー観点での分析が欠如していたことで、社会的に弱い立場にある母子家庭や非正規雇用の女性に対するコロナ対応が後回しとなり、女性の自殺者数が急増した（苅田 2022: 2）。コロナ以前より日本社会において問題とされてきた性別による格差が、新型コロナウイルスの感染拡大によってより顕著になった。女性管理職の構成比率が30% を大きく下回る状態では、意見を主張することの心理的なハードルが高くなってしまい、また、意見を主張することができても、多数派に阻まれてしまいかねない。さらに近年では、ジェンダーに関して従来の性別二元制を変える風潮も強くなっている。性別だけでなく、様々なマイノリティに対する差別や偏見、格差を是正し、個々の強みを活かすことのできる社会を実現するための第一歩として、女性の活躍推進を推し進めることは、大きな意義がある。

4. アフター・コロナの社会に向けた経営学的視座

(1) SDGsの実践がもたらす意義と課題

ここまで確認してきたように、新型コロナウイルスの影響は、雇用形態、性別、あるいは業界によって様々である。日本社会におけるかかる格差問題の是正や負の影響を受けた業界・企業の支援を実現するための一助となるのが、前述したステイクホルダーの協働に依拠したSDGsの実践であろう。

今日、SDGsにおいても掲げられている気候変動、貧困、持続可能なエネルギーなど複雑かつグローバル規模で横断的な社会的課題の解決にあたっては、既存の制度・規範の変革を含め、高い不確実性のもとで取り組む必要がある。日本では2000年代以降、CSR（Corporate Social Responsibility: 企業の社会的責任）への関心が高まり、企業はCSR活動の一環として様々な社会的課題の解決に取り組んできた。しかしながら、今日における複雑な社会的課題は、単独の主体では解決することができない、あるいは解決することが困難であるという認識が高まっている（石田 2020: 80）。だからこそ、多元的利害関係者論に依拠したステイクホルダー間の協働が求められるのである。

他方で、前述したステイクホルダー概念の包括範囲が拡張されていることに起因して生じる問題があることも忘れてはならない。すなわち、ステイクホルダー間の利害対立である。ステイクホルダー概念が登場した当初の包括範囲であったとしても、ステイクホルダー間の利害対立が生じるケースは考えられていた。たとえば、「顧客第一」の経営理念に基づいて、顧客に対してきめ細かいサービスを提供することは、顧客満足度（Customer Satisfaction）の向上に繋がる一方で、従業員の負担を増大させ、従業員満足度（Employee Satisfaction）を低下させることもあり得る（鈴木 2021b: 190）。ステイクホルダー概念の包括範囲が拡張され、企業が考慮するべき、あるいは考慮しなければならないステイクホルダーが増えることで、ステイクホルダー間の利害対立はより生じやすくなることは容易に想像できるであろう。加えて、「顧客」と一言で表しても、個々の顧客で求めているサービス（ニーズ）が同じであるとは言えず、ある顧客から見れば「手厚いサービス」が、他の顧客からすれば「過剰なサービス」となることもある（鈴木 2021b: 190）。企業はかかる利害対立が生じるリスクを考慮した上で、自社にとって優先すべきステイクホルダーを選定し、ステイクホルダー間の利害調整を通じて協働関係を構築することを通じて、社会的課題の解決に取り組むことが求められている。

日本社会におけるかかる格差問題の是正や負の影響を受けた業界・企業の支援を実現するために有効である取り組みとして SDGs も挙げられる。たとえば、特定非営利活動法人ジャパンハート（以下、ジャパンハートと表記）は、患者一人当たりの治療コストが高く、国際医療支援のなかでも後回しにされがちで注目されにくい小児がんを中心に、日本国内および東南アジア各国で、年間３万件を超える医療活動を実施しており、「治療すれば救えるはずの命」を治療し、救う活動を行っている。今日では、カンボジア国内で唯一、無償で小児固形がんの治療を行う「ジャパンハートこども医療センター」が、多くの人にとって「命の最後の砦」となっている[6)]。また、青森県立名久井農業高等学校（以下、名久井農業高校と表記）は、湖沼の水質浄化と食料生産を同時に行うシステム、農薬の飛散を抑制し環境汚染を抑制する泡農薬、そして乾燥地・半乾燥地の開発途上国で発生している雨季の土壌流出抑制と食料生産を促進する多機能集水システムなどを考案し、開発途上国に安全安心な水や食料を届けるため、農業高校の視点から環境・農業技術開発を実施している。実用化後は、現地の子供と女性の参画推進や安全安心な食料と水の確保による健康の推進、環境汚染の抑制、持続可能な農林業の推進などによって、SDGsの幅広いゴールに貢献することを目指している[7)]。

SDGsの活動がより広く浸透し、多くの主体がこれに取り組むことは、持続可能な社会を実現する上で不可欠となろう。ポーターとクラマーは、CSVの文脈において、社会的価値（社会性）は、企業にとっての経済的価値（経済性）を追求、あるいは最大化するための「手段」として位置付けている。これは、「社会的価値の増進が経済的価値を実現する必要条件である（岡田 2015: 42）」との認識に基づいている。加えて、「現在直面している喫緊の社会問題に対して、慈善活動ではなく、事業として取り組むことが何より効果的である（Porter and Kramer 2011: 65：邦訳 11）」と主張している。すなわち、経済性と社会性とを切り離して考えるのではなく、社会的課題に企業が自社の経営資源を投入することで、より大きな影響を与えることができ、経済性と社会性との両立を図ることが可能となることを示唆しているのである。

他方で、CSVは、「経済的リターンを生み出すような社会的課題に目を向けさせること」を促進させることになりうる。また、安易に達成可能な社会的課題に導き、解決困難な社会的課題から目を背けさせることにもなりうる。SDGsは、ESG投資と強く結びつくことで経済性と社会性との両立を図る点で

6）　ジャパンハートは、2021年に「第5回『ジャパンSDGsアワード』」の「SDGs推進副本部長（外務大臣）賞」を受賞している。ジャパンハートの取り組みについては、以下を参照した。〈https://www.mofa.go.jp/mofaj/gaiko/oda/sdgs/pdf/award5_06_japanheart.pdf〉（最終アクセス日：2022年4月16日）

7）　名久井農業高校は、2020年に「第4回『ジャパンSDGsアワード』」のSDGs推進副本部長（内閣官房長官）賞を受賞している。名久井農業高校の取り組みについては、以下を参照した。〈https://www.mofa.go.jp/mofaj/gaiko/oda/sdgs/pdf/award4_03_nakuinougyoukoutougakkou.pdf〉（最終アクセス日：2022年4月16日）

はCSVと同じである[8)]。したがって、CSVと同様の問題に直面する危険性はあるが、複数の主体でパートナーシップを結び社会的課題の解決に取り組むことを掲げている点に鑑みれば、格差問題、とりわけ日本において長期的に大きな問題として挙げているジェンダーギャップの解消も是正の方向に進むことが期待できるであろう。

(2) 企業の持続可能な発展のための自律的取り組み

これまで、SDGsはIKEAやH & M、大川印刷など、モノづくりを担う企業が中心となり浸透してきたとされる。さらに近年、IBMが自社版の海外青年協力隊を派遣しているように、IT技術によるSDGsが注目されている（森 2020: 275）。

とりわけ、日本企業でいえば、NECが自社のSDGsビジョンである“Orchestrating a brighter world”のもと、CEOがリーダーシップを発揮して最先端のICT、テクノロジーを活用したSDGsの取り組みを行っている。たとえば、子どもの肥満率が高いこと、給食が適正に配給されているかが不透明であることが社会的課題とされているチリにおいて、NECは公立学校1200校に対して指紋認証を活用した給食配給管理システム[9)]を構築している。また、肥満管理のために個別の給食配給履歴を付けることが可能となるため、栄養管理にも寄与している（森 2020: 275-276）。また、インドにおいてとくに成長が著しく、科学と産業とを繋ぐ機能を担っているアーメダバード市において、アーメダバードスマートシティ開発公社（Smart City Ahmedabad Development Limited）とパートナーシップを結び、シームレスで安全かつ信頼性のある高度交通運用管理システムを導入している。これにより、従来、手動で運営されてきた不安定かつ非効率なアーメダバード市のバス輸送インフラの問題解決に取り組んでいるのである[10)]。

このように、SDGsに先進的に取り組んでいる企業の事例にみられる点は、

8） SDGsとESG投資との関連については、鈴木（2020）を参照されたい。

9） 詳しくはNEC HP “NEC provides biometric identification solution for JUNAEB national school meal program in Chile” を参照されたい。〈https://www.nec.com/en/case/junaeb/index.html〉（最終アクセス日：2022年4月17日）

自社の本業を軸にその延長線としてSDGsに取り組んでいることである（森2020: 278）。CSRが日本社会において関心が高まった2000年代以降、企業は経済性のみならず、社会性をも考慮した活動が求められるようになった。言い換えれば、社会性を軽視する企業活動は社会からの批判を受け、淘汰されてしまう危険性を有しているのである。しかしながら、企業の主たる目的のひとつに「利益追求」があることに間違いはない。企業が持続可能な発展をしていくためには、経済性と社会性の両面からアプローチすることが重要であろう。

(3)「経済性」と「社会性」の両立に向けた経営倫理の意義

本章では、新型コロナウイルスが日本の経済、企業活動に与えた影響に焦点を当て、議論を展開してきた。新型コロナウイルスは、テレワークの推進やICT技術の導入など、これまでの「働き方」を転換する契機となっただけでなく、シスコシステムズの例にみられるようにビジネス・モデルそのものに変化をもたらしたことなど、様々な側面に大きな影響を与えたと理解することができよう。

新型コロナウイルスの影響により、企業の活動が多くの制約を受けるなか、経済性と社会性とのジレンマに直面した企業（あるいは組織）は多く存在したであろう。ポーターとクラマーが提唱したCSV、あるいはSDGsは、企業に利益の追求（経済性）と社会的活動の解決（社会性）との両立を求めたことから、前述したジレンマに直面する企業に一定の指針を示した点で大きな意義を有しているであろう。他方で、「経済性」と「社会性」との両立を求めるが故に、利益と結びつくことのない、あるいは結びつけることが困難な社会的課題が取り残されてしまう危険性がある点に注意する必要がある。かかる問題を是正するためには、特定の主体や個々の主体のみで社会的課題の解決に取り組むのではなく、多元的利害関係者論に依拠したステイクホルダー間の「協働」、すなわちパートナーシップを結ぶことで、企業と社会の友好関係を強固にする

10)　詳しくはNEC HP「アーメダバードスマートシティがIoTを活用したバスを導入」を参照されたい。〈https://jpn.nec.com/safercities/transportation/case/scadl/index.html〉（最終アクセス日：2022年4月17日）

必要がある。

企業と社会の友好関係の形成と市場の開拓に関する努力は、企業に２つの経営倫理を求める。第一に、環境に対する倫理的姿勢を掲げ、環境法を遵守するのみではなく、法律以上、あるいは法律以外の環境保全に努める意思決定を行うなど、企業は社会との対立など自社の持続可能性を危うくするリスクを避けるために経営倫理を掲げる。第二に、環境に配慮した製品の開発・販売など、消費者が製品に環境保全を求めているのであれば、企業はこれを組み込んだ製品の開発、生産、供給を行い、自社の経済性と倫理性とを統合させるべく経営倫理を掲げるのである（安田 2022: 98）。企業が経済性と社会性との両立を図るためには、その基礎となる社会との友好関係を構築することが重要となる。そして、その友好関係を構築するためには、企業が長期的な視点から短期の目標を見極め、合理的な意思決定のなかに経営倫理の視座を加えることが求められるであろう。

参考文献

Freeman, R. E., Harrison, J. S., and Wicks, A. C. (2007) *Managing for Stakeholders: Survival, Reputation, and Success,* Yale University Press, New Haven & London（中村瑞穂［代表訳者］(2010)『利害関係者志向の経営：存続・世評・成功』白桃書房）.

NEC HP "NEC provides biometric identification solution for JUNAEB national school meal program in Chile"〈https://www.nec.com/en/case/junaeb/index.html〉最終アクセス日 2022 年 4 月 17 日.

NEC HP「アーメダバードスマートシティが IoT を活用したバスを導入」〈https://jpn.nec.com/safercities/transportation/case/scadl/index.html〉最終アクセス日 2022 年 4 月 17 日.

Porter, M. and Kramer, M. R. (2011) "Creating Shared Value: How to Reinvent Capitalism and Unleash a Wave of Innovation and Growth" *Harvard Business Review,* 89 (1-2), pp. 62-77（マイケル・ポーター&マーク・クラマー著、ハーバード・ビジネス・レビュー編集部訳（2011）「共通価値の戦略：経済的価値と社会的価値を同時に実現する」『ハーバード・ビジネス・レビュー』2011 年 6 月号、ダイヤモンド社、8-31 頁）.

Unilever (2021) Enhancing Livelihoods through Project Shakti〈https://www.hul.co.in/planet-and-society/case-studies/enhancing-livelihoods-through-project-shakti/〉最終アクセス日 2022 年 4 月 15 日.

World Economic Forum (2021) "The Global Gender Gap Report 2021" 2021, March.〈https://www3.weforum.org/docs/WEF_GGGR_2021.pdf〉最終アクセス日 2022 年 4 月 12 日.

青森県立名久井農業高等学校環境研究班（青森県三戸郡南部町）「農業高校の視点から環境・農業技術開発」〈https://www.mofa.go.jp/mofaj/gaiko/oda/sdgs/pdf/award4_03_nakuinougyoukoutougakkou.pdf〉最終アクセス日 2022 年 4 月 16 日。

荒木康弘（2021）「これからの新型コロナウイルスワクチンの開発・評価について」『学術の動向』第 26 巻第 10 号、公益財団法人日本学術協力財団、51-57 頁。

石田聖（2020）「マルチステークホルダープロセスにおける大学の役割に関する考察」『長崎県立大学論集（経営学部・地域創造学部）』第 54 巻第 2 号、長崎県立大学、79-104 頁。
岡田誠・庄司晶彦・原田博一・徳田雄人・井庭崇（2018）「社会的課題におけるマルチステークホルダーによる共創プロセス：認知症プロジェクトを例として」『サービソロジー』第 5 巻第 3 号、サービス学会、28-35 頁。
岡田正大（2015）「CSV は企業の競争優位につながるか：新たな企業観の行方」『ハーバード・ビジネス・レビュー』2015 年 1 月号、ダイヤモンド社、38-52 頁。
苅田香苗（2022）「ポストコロナ時代のジェンダー平等社会の実現：『黄金の 3 割』を目指して」『日本健康学会誌』第 88 巻、第 1 号、1-2 頁。
経済産業省 HP〈https://www.meti.go.jp/statistics/toppage/report/minikaisetsu/hitokoto_kako/20200728hitokoto.html〉最終アクセス日 2022 年 4 月 17 日。
国際連合 HP〈https://www.unic.or.jp/activities/economic_social_development/sustainable_development/2030agenda/sdgs_logo/〉最終アクセス日 2022 年 4 月 16 日。
佐々木将人、今川智美、中川功一（2020）「統計的検証：組織レベルで求められること：組織レジリエンス」中川功一編著『感染症時代の経営学』千倉書房、69-79 頁。
周燕飛（2021）「コロナ禍の女性雇用」樋口美雄、労働政策研究所・研修機構編『コロナ禍における個人と企業の変容　働き方・生活・格差と支援策』慶應義塾大学出版会、195-214 頁。
鈴木貴大（2020）「企業の『経済性』と『社会性』の両立に向けた SDGs の実践における課題」『政経研究』第 57 巻第 2 号、日本大学法学会、184-210 頁。
鈴木貴大（2021a）『経営倫理の理論と実践：医療法人における統合アプローチ』文眞堂。
鈴木貴大（2021b）「利害関係者マネジメントと経営合理性」経営学史学会監修、風間信隆編『合理性から読み解く経営学』文眞堂、180-198 頁。
鈴木貴大（2022）「企業のパーパスとコーポレート・ガバナンスの関係：持続可能な発展のための意義と課題」『明大商学論叢』第 104 巻第 3 号、明治大学商学研究所、77-89 頁。
高橋真人（2011）『変革期を勝ち抜く医薬品マーケティング新戦略』医薬経済社。
高橋康二（2021）「コロナ禍の非正規雇用者：仕事と生活への影響を中心に」樋口美雄、労働政策研究所・研修機構編『コロナ禍における個人と企業の変容　働き方・生活・格差と支援策』慶應義塾大学出版会、177-193 頁。
鶴光太郎（2020a）「新型コロナウイルス感染症の経済への影響と求められる政策対応」『RIETI 特別コラム：新型コロナウイルス：課題と分析』。
鶴光太郎（2020b）「コロナ危機の現状、政策対応及び今後の課題：「大いなる制度変化」に向けて」小林慶一郎・森川正之編著『コロナ危機の経済学――提言と分析』日本経済新聞社、43-57 頁.〈https://www.rieti.go.jp/jp/columns/a01_0551.html〉最終アクセス日 2022 年 3 月 22 日。
帝国データバンク「特別企画：女性登用に対する企業の意識調査（2020）」2020 年 8 月 17 日。〈https://www.tdb.co.jp/report/watching/press/pdf/p200803.pdf〉最終アクセス日：2022 年 10 月 7 日。
東京都産業労働局「テレワーク導入実態調査結果」2020 年 9 月 14 日〈https://www.metro.tokyo.lg.jp/tosei/hodohappyo/press/2020/09/14/documents/10_01.pdf〉最終アクセス日 2021 年 3 月 30 日。
特定非営利活動法人ジャパンハート「『救えるはずの命』を見殺しにしない：非感染症疾患の患者に、治療の機会を提供する」〈https://www.mofa.go.jp/mofaj/gaiko/oda/sdgs/pdf/award5_06_japanheart.pdf〉最終アクセス日 2022 年 4 月 16 日。
中村瑞穂編著（2003）『企業倫理と企業統治：国際比較』文眞堂。

中村祐司（2020）「2020年東京オリンピック延期のガバナンスプロセス」『地域デザイン科学：宇都宮大学地域デザイン科学部研究紀要』第8号、宇都宮大学地域デザイン科学部、1-21頁。
日経産業新聞「テレワーク実施率、都内企業、6ポイント低下、59％に、2月後半、都が調査」2021年3月17日付、15頁。
日経産業新聞「『まだらテレワーク』不安は人事評価」2021年3月29日付、13頁。
日本マクドナルドホールディングス株式会社HP「セールスリポート」〈https://www.mcd-holdings.co.jp/ir/sales_report/〉最終アクセス日2022年4月23日。
早川有香（2018）「持続可能な開発のための教育（ESD）におけるステークホルダー連携：先行研究レビューに基づく分析枠組みの検討」『京都産業大学世界問題研究所紀要』第33巻、京都産業大学、101-108頁。
宮川努（2021）「コロナショックと日本経済」宮川努編著『コロナショックの経済学』中央経済社、1-18頁。
森泰一郎（2020）『アフターコロナの経営戦略』翔泳社。
安田尚道（2022）「ステークホルダー資本主義と持続可能な開発」現代公益学会編『SDGsとパンデミックに対応した公益の実現』文眞堂、95-114頁。
吉川徹（2022）「コロナ禍は社会意識を変えたか？：2020年3月調査と2021年3月調査の比較分析」『大阪大学大学院人間科学研究科紀要』第48巻、大阪大学大学院人間科学研究科、125-145頁。
読売新聞オンライン「NTT、7月から原則テレワークに…　居住地の制限なし・出社は『出張』扱い」2022年6月18日付〈https://www.yomiuri.co.jp/economy/20220618-OYT1T50214/〉最終アクセス日2022年6月30日。

第10章
COVID-19パンデミックから市民育成を探究する

松田憲忠

1. COVID-19パンデミックからの社会的意思決定への挑戦

COVID-19パンデミックのなかで、人びとはさまざまなインパクトを受けながら、自らの生活を適用させようとしている。その一方で、COVID 19パンデミックへの対策をめぐっては、複数の社会的価値の順位付けという難題に、疫学や経済学等の専門家だけでなく、政治家や市民も直面している。デモクラシーを担う市民は、日常生活への具体的なインパクトと、社会のあり方についての抽象的な課題に向き合いながら、パンデミックへの対応を検討することが要求される。

しかしながら、こうした要求に市民が応えることは決して容易ではない。では、如何にすれば、市民は具体と抽象の両面からCOVID-19パンデミックについて熟慮できるのであろうか。この問いに答えることが、本章のねらいである。まず本節では、COVID-19パンデミックがデモクラシーに対して提起する挑戦を概観する。第2節は、COVID-19パンデミックからの挑戦に対応するための規範的市民像を、シティズンシップの概念的整理を通じて析出する。第3節では、規範的市民像の実現（育成）の方策を探究し、今日の日本の初等中等教育における主権者教育に期待される貢献を明らかにする。第4節は、日本の主権者教育はその期待に応えることができるのかを展望する。

以下では、COVID-19 パンデミックが提起する挑戦について、主にデモクラシーとの関わりに焦点を当てて考究する[1]。第一に、COVID-19 への対策の設計に求められる高度な専門性―科学的な専門知識―が挙げられる（Pearse 2000; Weible et al. 2020）。COVID-19 の原因やインパクトをめぐって、人びとは深刻な不確実性に直面し、取るべき対応について難しい判断を求められてきた。この判断に向けて、政策決定過程に専門家を関与させながら、最新の科学的知見を活用しようとすることは、自然の流れであろう。

しかしながら、政策決定過程における高度な専門知識の積極的活用には、知識活用の政治化の問題が伴う。具体的には、専門知識に依拠して政策決定を進めることによって、政治家は、事態が悪化した場合に、専門家を批判して、自らの責任を逃れる行動をとることが可能となる（Pearse 2000）。また、科学的知見はしばしば、より良い対策の設計に向けて理解を深めるためではなく、これまで実施されてきた対策やこの先実施しようとしている対策を正当化するために利用される。こうした専門知識の政治的活用は、政府の決定についてのアカウンタビリティを曖昧化することになる（Weible et al. 2020）。

知識活用の政治化は、学術的研究の本質的特性と相俟って、政策決定における対立を一層複雑にする。実証研究における分析の前提の設定、事例選択、概念の操作化と測定、分析結果の解釈といった手続きには、常に主観的判断が伴う。主観的判断の多様性を踏まえると、ある実証研究の成果が、1 つの答えに収斂することは稀であり、むしろさまざまな結論が導出されることになる（Pearse 2000）。規範的研究では、異なる社会的価値のあいだのトレードオフの問題が存在するかぎり、如何なる政策案も何かしらの社会的価値の増進に寄与すると同時に、何かしらの社会的価値を損なわせるといえる。これらの主観的判断の不可避性や諸価値のトレードオフが含意するのは、各アクターにとって、自らが推す案を実証・規範の観点から正当化する研究成果を見つけ出すことも、他の政策案の問題点を指摘する成果を探し出すことも難しいことではないということである（松田 2016）。こうした状況において、政策対立は複雑化する。COVID-19 パンデミックのなかで深刻な不確実性に対処するために専門知識

1）　ここでの考察は、Matsuda（2022）での先行研究の整理に基づいている。

への期待が高まる一方で、その専門知識がさまざまな政策案を支持することになる。デモクラシーにおける政策決定について近年求められているものの１つに「エビデンスに基づく政策立案（EBPM）」があるが、異なる政策案が異なる専門知識（エビデンス）に支えられているような対立の構図（松田 2019）が、COVID-19 パンデミックをめぐっては顕著である。その意味で、政策決定に高度な専門性が求められるがゆえに、合意形成が一層難しくなっているといえよう。

COVID-19 パンデミックによる第二の挑戦は、デモクラシーにおける国家の位置付け、具体的には国家のもつ強制性の再考に関わる。パンデミックの対策としてロックダウンや外出自粛要請等の政府による規制等が求められ、各国はそれぞれ異なる政策を実施し、感染状況や経済状況等について異なる結果に至っている。デモクラシーとの関連でとりわけ注目される措置の１つが、政府による健康監視である（Greitens 2020；宇野・梶谷 2020）。健康監視の技術をパンデミックに対する効果的な手段として積極的に活用した国家が中国をはじめとして存在する一方で、この技術の活用に躊躇した国家も少なくない。この躊躇の背景には、監視とデモクラシーとのあいだのトレードオフがある。健康監視はパンデミックの抑制・終焉に貢献するという期待と同時に、その活用はデモクラシーの衰退を齎《もたら》すのではないかという強い懸念が示されている。

こうした健康監視の措置の国際比較によれば（Greitens 2020）、独裁国家や脆弱な民主主義国家はこの措置を採用し、その結果として市民の権利が少なからず犠牲になる一方で、定着した民主主義国家では、この措置を実施した場合でも、デモクラシーの衰退をどうにか回避する傾向にある。その回避に寄与するファクターとして、社会的な規範や世論等が挙げられる。この分析から、市民社会が十分に成熟していないかぎり、健康監視の実施はデモクラシーの衰退につながりかねないことが示唆される（宇野・梶谷 2020）。

国家が有する強制力は、ロックダウンや健康監視等の行動規制に関する措置にくわえて、生活支援の側面からも捉えられる。日本では、「新型コロナウイルス感染症緊急経済対策」（2020 年 4 月 20 日閣議決定）において、COVID-19 の影響を受けた家計の支援のために、特別定額給付金を、住民基本台帳に記録されている者を対象に支給することが決定された。こうした給付金支給は、政府の徴税や予算といった強制力があって可能となる。その意味で、COVID-19パンデミックのなかで支援を政府に求める声には、強制力をもつ国家がその国の市民の生活を守るべきという認識が含意されているといえよう。

他方で、COVID-19パンデミックへの対策は、国の政府だけでなく、自治体においても展開されている。COVID-19パンデミックをめぐる国と地方での政策の展開は、政策の実施に向けた調整が求められ、ときに政府の活動を大きく制約することになる（竹中 2021）。また、COVID-19の影響が国境を超えて及ぶがゆえに、国家の強制力はグローバルな文脈においても制約を受けることになる。パンデミックへの対応には国際的な協調が求められる一方で、現実には「ワクチン・ナショナリズム」と表現される国家間のワクチン開発競争や争奪戦が、各国において政府の強制力に期待が寄せられるがゆえに展開されてきた（伍 2021）。COVID-19パンデミックのなかでのこうした国家の強制力をめぐる動きは、デモクラシーの「レベル」の相対化を強調する「重層的デモクラシー」（Möllers 2011）の意義を改めて問う契機ともいえる。

本節では、COVID-19パンデミックは、政策決定における専門知識と国家の強制力の重要性を高めることを確認したうえで、そのことがデモクラシーに対して提起する問題を整理した。次節では、こうした問題に市民が対処する際に求められる資質（シティズンシップ）について論究する。

2. COVID-19パンデミックからの規範的市民像の析出

日本におけるCOVID-19の対策に対する市民の反応の特異性として、強制力を伴わない「要請」でありながら、しかも日本における政府への信頼は相対的に低いにもかかわらず、人びとはその要請に対して支持的な行動をとってきたことが挙げられる。この行動選択の背景には、専門家と医療システムへの高い信頼が重要な意味をもつことが、実証的に確認されている。この分析結果からは、人びとは「専門家が政府に与える影響を認識しつつも、政府と専門家を同一視していない」ことが示唆される（岡田他 2022: 39）。

専門家への高い信頼と専門家と政府との識別は、前節の専門知識の活用の政治化を抑制するファクターといえるかもしれない。しかしながら、信頼感を支える論拠に目を向けないと、専門知識が無条件に受け入れられ、社会問題に対する市民の能動的姿勢が減退することになりかねない。たとえば、菅原ら（菅原他 2021）によれば、COVID-19 の感染状況が深刻化するなかで政府から示された「接触 8 割減」のスローガンは、新聞報道で言及されたものの、「8 割」の意味や前提が疑問視することはなく、無批判に取り上げられていた。本節は、こうしたデモクラシーにおける社会と科学との関係や市民と専門家との関係についての今日の議論を整理したうえで、COVID-19 パンデミックのような社会問題に対処するために求められる規範的市民像、すなわち市民がもつべき資質（シティズンシップ）を析出する。

科学技術の議論等への市民の関わり方についての伝統的な捉え方として、「欠如モデル」がある。このモデルで強調されるのは、市民の能力の限界である（Mejlgaard and Stares 2010）。科学者は豊富な知識をもつ専門家である一方で、市民は無知な素人である（Durant 1999: 314）。両者の関係性は科学者から市民への専門知識の伝達であり、その意味で市民は受け身の存在となる（Árnason 2012）。

欠如モデルに対しては今日さまざまな批判が展開されている（Durant 1999）。主な批判として、第一に、欠如モデルは専門知識を確実で問題なきものとして想定するが、現実は暫定的で論争を伴うものであること、第二に、欠如モデルでの市民は、専門知識をもたないという意味でネガティブな存在とされるが、市民がもつ知識には課題解決に向けてレレバントなものが少なくないこと、第三に、科学への市民の関わりの難しさは、欠如モデルが指摘する市民の無知にのみ起因するのではなく、文化的・経済的・政治的なコンテクストによっても促されていること等が挙げられる。

こうした欠如モデルの問題点を踏まえて提唱されているものに、市民参加を強調する捉え方がある。この捉え方の根底には、科学者と市民との相互の信頼が欠如していることへの憂慮と、信頼を確立する手段として積極的な市民参加を推進し、科学者と市民との対話を促すべきとする認識が存在する（Mejlgaard and Stares 2010）。

しかしながら、この立場にも問題点が指摘されている（Árnason 2012）。たとえば、市民参加の場の位置付けに関わる制度上の課題が挙げられる。また、市民参加を通じて如何なる声が表明され、その声に政策決定に向けて如何なる意味が存在するのかという政策決定との関連性の課題も指摘される。これらの課題からは、アカウンタビリティや制度設計への着目の重要性が示唆される。

市民の能力と市民参加それぞれに着眼するこれら2つの立場を統合するものと期待されるのが、「科学的シティズンシップ」の概念である（Mejlgaard and Stares 2010）。これは民主的な社会統治のあり方についての規範的概念であり（Horst 2007）、2つの柱から成る。第一に、現代社会で市民が活動する前提条件として、科学の知識が求められる。第二に、市民と科学との関係においては、市民への知識の提供だけでなく、市民の声が政策決定のプロセスに送り込まれるメカニズムないし制度が必要となる。

以下では、科学的シティズンシップが強調するこれら2つの柱のうち、非制度的な柱、すなわち市民に求められる資質ないしシティズンシップについて、COVID-19パンデミックの文脈から考究する。第一に、科学的シティズンシップの前提である科学に関する知識の習得の重要性である。COVID-19をめぐって政府やメディア等から多くの専門用語を含んださまざまな情報が発信される。これらの情報を常に批判的に検討しながら自らの行動を決めるというのは非現実的である（岡田他 2022）。とはいえ、専門用語それ自体の理解は乏しくても、それらの情報で頻繁に用いられる「数」や、その数の導出プロセスである「数値化」についての基礎的な理解は、先述の知識活用の政治化を踏まえると、重要な意味をもつ。

COVID-19をめぐっては多様な数的指標が用いられている。たとえば、感染状況の観測量は、日々隔離される人の数（日ごと陽性者数）、累積感染者数、PCR検査陽性率、重症化率等で測られてきた（小田垣 2020）。また、パンデミックへの対策として注目された人流については、定点モニタリング、アンケートや聞き取り調査、無線端末やGPSロガーによる調査、スマートフォンやカーナビによる調査等、データ取得方法は多様に存在する（上野 2021）。さらに、ワクチンの有効性の測定では、臨床実験における有効性や、実社会での有効性等が用いられている（荒木 2021；西 2021）。

このように、COVID-19パンデミックに関わる重要な指標は多様に定義され、それぞれに内容や精度についての特徴がある（上野 2021）。用いる指標によって、導かれる分析結果は異なり、どの指標を用いるかについて、絶対的な1つの答えは存在しない。分析で用いる指標の選択は、それぞれのデータの重要度に関する分析者の主観的判断に基づく（小田垣 2020）。その意味で、数値化とは社会的なプロセスであり、数とは、言葉と同様に、「行為」なのである（Esperand and Stevens 2008）。社会的な行為として科学的研究の成果を捉える視点は、市民がパンデミックのなかで専門知識や情報を処理するうえで重要な資質といえよう。

科学的研究における主観性は、数値化にくわえて、分析結果の解釈においても見出される（Matsuda 2019）。ある分析結果の社会的意義の導出は哲学的な価値判断であり、延いては個々人の価値観に関わる判断である。COVID-19パンデミックを例にすると、科学的な分析結果についての解釈は、感染リスクから如何にして身を守るかといった点だけでなく、如何なる社会での生活を望むのか等の広範な問題にも関わる（Árnason 2012）。そして、その解釈の基準は多様に存在するがゆえに、常に主観性が伴うことになる。こうした主観性の不可避性や規範的判断の多様性が人びとのなかで共有されないかぎり、数値化されたさまざまな情報のなかで社会内部の対立を克服することは極めて困難なものとなるであろう。

科学的シティズンシップから導出される第二の資質として、熟議に臨む姿勢が求められる（Árnason 2012；中村 2008）。Pearse（2020）は、COVID-19パンデミックへの対応として、専門家と非専門家とのあいだのコラボレーションを強調する。コラボレーションを通じて、市民の抱く懸念やニーズが政策決定に反映されるとともに、政策決定の熟議への参加という重要な経験を市民は享受する。

しかしながら、コラボレーションが熟議に必然的につながるとはかぎらない。政策決定の参加者が自らの主張を一方的に展開し、他者を説得しようとするかぎり、それは熟議ではない。熟議が機能するための鍵は、参加者が、対立する意見のなかでも、他者との合意形成を目指し、自らの選好を変容することも厭わない姿勢である（Richardson 1993；田村 2008）。この「選好の変容」の姿勢こそが、政策決定に参加する市民に具わるべき資質である。

科学的シティズンシップに由来するこれら2つの資質にくわえて、COVID-

19パンデミックはさらに2つのシティズンシップ概念の重要性を顕在化させる（Matsuda 2022）。そこで、第三の資質として、「グローバル・シティズンシップ」が挙げられる。これは公共圏のグローバル化という変容に対応した概念であり、そこで強調されるのは、人類の苦しみの軽減と幸福の実現に向けて、グローバルな領域に参加してコラボレートする能力である（Reimer 2013: 57）。

たとえば、COVID-19は、国家を基礎とする公衆衛生の問題だけでなく、世界中の人びとの健康の改善や健康の公平性を目指す「グローバル・ヘルス」（Koplan et al. 2009）の問題にも関連している。その意味で、グローバル・シティズンシップが強調する能力の重要性は、COVID-19パンデミックのなかで、一層高まっているといえよう。

第四に、COVID-19パンデミックのインパクトは、人びとのコミュニケーションのあり方にも及ぶ。オンライン・ミーティングやテレワークに代表されるように、人びとの日常生活のさまざまな場面でデジタル化が進み、コミュニケーションのかたちは大きく変容している。こうしたCOVID-19パンデミックの社会的インパクトを踏まえて注目される市民の資質が、「デジタル・シティズンシップ」である。デジタル・シティズンシップで強調される資質は、技術的なスキルにとどまらない。より重要なのは、社会の改善に向けて協働する市民として、対話を如何に進めるかという難題に向き合う姿勢である（Buchholz et al. 2020）。

こうした姿勢が具わる市民は、Krutka and Carpenter（2017）によれば、いくつかに分類することができる。たとえば、情報の信頼性を判断できたり、オンラインで示される議論の構造を理解できたりする「個人として責任を負うデジタル市民」、オンライン・プラットフォームの違いを認識し、効果的なものを選択できる「参加型のデジタル市民」、個々のオンライン・プラットフォームによって誰が利益を得て、誰が取り残されるのかを理解し、より良き社会の実現に向けて、現行のシステムについて検討・議論・変更を行うことができる「正義指向のデジタル市民」等である。

本節は、COVID-19パンデミックの経験から示唆される規範的市民像を、シティズンシップ概念の整理を通じて描出し、市民に求められる4つの資質を導出した。次節以降では、これらの資質の習得を市民育成に関わる課題として捉えたうえで、日本における主権者教育への期待と課題を明らかにする。

3. COVID-19 パンデミックからの主権者教育への期待

デモクラシーを担う市民の育成は、日本では主権者教育として議論・展開されることが多い。主権者教育の取り組みでは学校、家庭、地域、企業等の多様な主体の連携・協働が期待されている一方で（主権者教育推進会議「今後の主権者教育の推進に向けて（最終報告）」2021 年 3 月）、主権者教育の政策の多くは学校教育に向けられている（松田・石川 2020）。では、COVID-19 パンデミックは、日本の主権者教育に如何なる変革を求めているのか。前節で析出したシティズンシップ（科学的、グローバル、デジタル）の醸成に、日本の学校での主権者教育は如何に貢献し得るのか。本節は、これらの問いに取り組む。

第一に、科学的研究には、数値化に代表されるように、社会的側面が本質的に内在することを踏まえると、科学的リテラシーを集合的実践として捉えるアプローチが注目に値する（Roth and Lee 2002）。科学的リテラシーは、伝統的には、実験科学の知見に基づいて構成され、そのリテラシーの評価は個人ベースで行われるべきとされてきた。他方で、集合的実践のアプローチは、専門知識には不確実性や論争が不可避であること、それゆえに一般の市民の思考が現実の社会的意思決定では重要な意味をもつこと、一般の市民にはこうした社会的活動の経験を経て獲得される知識こそが社会生活において必要であることを強調する。ここで示唆されるのは、化学変化や物理的法則の詳細を理解することを生徒に要求するのではなく、社会におけるオープンで民主的な対話のなかで登場する専門知識を学ぶだけで十分であるということである。

このアプローチに通ずる視点は、2017 年改訂の学習指導要領でも確認できる。具体的には、「主体的・対話的で深い学び」の実現と、教科等横断的な学習の充実といった視点である。前者については、各教科等の学びと社会とを繋ぐ見方・考え方が強調され、その見方・考え方を実際に活用することができる能力の醸成が目指されている。後者の目標は、現代的な諸問題への対応に必要な資質・能力の育成の観点から設定されている。教科等横断的な学習は、探究的な課題設定とその解決を図る「総合的な学習の時間」等の教科等のなかで展開される方法と、複数の教科等それぞれの学習活動の充実化を通じて進められる方法が挙げられるが（国立教育政策研究所 2022）、いずれの方法も学習指導要領は重視している[2)]。

第二に、熟議に関わる資質の獲得を促す教育では、主権者教育における熟議の実践の重要性はしばしば指摘される（市川 2016；土屋 2018；Matsuda 2019）。熟議民主主義の理論によれば、熟議の参加者は、対立する意見に触れるなかで、選好の変容を積極的に受け入れ、共通善を追求することが求められる（Offe and Preuss 1991；田村 2008）。こうした熟議の視点には、学校での模擬選挙やクラス内ディベートの限界が含意される（Matsuda 2019）。選挙における投票であれ、ディベートにおける主張展開であれ、重点は、選好の変容よりはむしろ、自らの意見の表明や他者への説得に置かれるからである。

選好の変容が社会的意思決定に対する人びとの指向に関わることを踏まえると、熟議を重視する教育は道徳教育と密接に結び付いているといえよう（Matsuda 2022）。日本では、2015年に道徳教育の改革が行われ、それまでの各教科等での道徳教育の実施にくわえて、道徳教育を中心的に展開する科目として「特別の教科　道徳」（道徳科）が設置された。道徳科では「考える道徳」「議論する道徳」が強調され、熟議の視点からの道徳教育の展開が期待されている（市川 2016；土屋 2018）。

さらに、道徳科を補完する他の教育活動も注目されている。道徳科では道徳的問題を扱うにあたっての理論的知識が強調されることが多い（広石 2016；隈元・長谷川 2017）。その一方で、たとえば、特別活動は、学級や学校といった生徒たちにとって身近な社会で実際に生じる課題の解決に向けて、生徒たちによる議論や具体的な活動の選択・実施といった集団活動が展開される教育活動である[3)]。特別活動を通じて課題解決を経験することによって、生徒たちが理

2） 国立教育政策研究所（2022）は、複数の教科等がそれぞれの学習活動を充実させるために行う取り組みに焦点を当てて、理科と社会科・地理歴史科の横断的な単元の開発と実践を試みている。

3） 特別活動は、小学校では学級活動、児童会活動、クラブ活動、学校行事から、中学校では学級活動、生徒会活動、学校行事から、高等学校ではホームルーム活動、生徒会活動、学校行事から構成される。

論的知識に基づく道徳的思考を実践することが期待される（広石 2016；隈元・長谷川 2017；安井 2018；松田・石川 2020）。

第三に、グローバル・シティズンシップに向けての教育については、「グローバル教育」が注目に値する（Reimer 2013）。グローバル教育のねらいには、生徒個人や国家の利益の増進を、他者への理解を通じて実現するといった従来の考え方にくわえて、グローバルに共有する利益を、国境を越えた協力関係によって追求することも含まれる。

タウンホール・ミーティングでの議論を分析した実証研究によれば（Thompson et al. 2015）、如何なる枠組みでグローバル・ヘルスの問題を市民が考えるかが、市民の思考等を左右する。したがって、グローバル・シティズンシップに向けての教育では、その「枠組み」を如何に提供するかが1つの鍵となるであろう。その意味で、グローバル・ヘルスの問題を教科等横断的な学習のなかで扱う等の手法が有用であるといえよう。

第四に、デジタル市民の育成は、COVID-19パンデミック下での教育のデジタル化のなかで、高い関心を集めている（Buchholz et al. 2020）。COVID-19パンデミックは、市民の社会生活の多くをオンライン化しているだけでなく、学校教育もオンキャンパスからオンラインへとシフトさせている。デジタル・シティズンシップの醸成に向けたオンラインでの教育活動としては、たとえば、生徒たちに、政治家たちのソーシャルメディアへの投稿や科学に関わるオンラインの説明等の議論構造を比較させたり、プラットフォームの社会的影響を検討させたりする活動が挙げられる（Krutka and Carpenter 2017）。これら活動を通じて、オンラインでの熟議への参加に必要な基盤が生徒たちのなかに構築されることが期待される[4)]。さらに、オンラインでの熟議の展開は、教室を超えて、他国の生徒たちとの交流も促し、グローバル教育の充実化に寄与する（Matsuda 2022）。

こうした期待の一方で、COVID-19パンデミック下でのオンライン教育に

4）　オンライン学習の効果は、生徒と教師との繋がりや生徒間の繋がりといった社会との繋がりに大きく左右されることが実証されている（日本教育学会「9月入学・始業制」問題検討特別委員会 2020）。

は、懸念も示されている（Buchholz et al. 2020）。たとえば、オンラインの学級が、オンキャンパスとは違い、生徒たちの身近な社会として機能しにくい点や、デジタルディバイド等の不平等の問題がオンライン教育のなかで一層顕著になっているという点等である。これらの懸念からは、オンラインの学級での倫理等の教育の重要性が示唆される。したがって、個々の教科等でのオンライン教育の展開だけでなく、道徳科における倫理等の学習や、特別活動を通じてのオンラインの学級という社会の構築の実践が期待される（Matsuda 2022）。

4. COVID-19パンデミックからの主権者教育の展望

前節では、COVID-19パンデミック下でのシティズンシップの醸成を促す教育活動のアイディアを整理し、そのアイディアの日本の主権者教育への適用可能性を検討した。本節は、COVID-19パンデミック下での日本の学校教育への社会的なニーズや教育現場の現状等に着目して、主権者教育の展望を明らかにする。そのうえで、COVID-19パンデミックが主権者教育や市民育成の議論に対して提示する示唆について、あらためて確認する。

2017年改訂の学習指導要領には、先述のとおり、COVID-19パンデミック下で重視されるべきシティズンシップの醸成に寄与する内容が多く含まれている。では、そうした教育活動の実施が求められる学校現場は如何なる状況であろうか。まず、デジタル・シティズンシップについては、学校教育のICT環境の整備がCOVID-19パンデミック下で推進された。具体的には、校内通信ネットワークの整備と学習者1人1台の学習端末の配備を目指す「GIGAスクール構想」は、2020年の一斉休校措置を受けて、実施が前倒しされた。しかしながら、端末等の活用状況の調査によれば、学習促進への期待は教師のなかで見受けられるものの、端末等が十分に活用されているとはいえず、さらに児童生徒の心身の健康への影響に対する不安や懸念が表明されている（登本・高橋 2021）。

つぎに、科学的シティズンシップとグローバル・シティズンシップの教育では、科学的リテラシーや合意形成、グローバル教育が重視され、熟議のような他者との関わりを伴う教育活動が強調されている。たとえば、こうした教育で重要な役割を期待されている特別活動をめぐっては、教師等を対象にしたアンケート調査によると[5)]、COVID-19 パンデミックは特別活動の意義を改めて考える機会としてポジティブに捉え、特別活動の実施に前向きな声が少なくない。その一方で、特別活動の実施への躊躇も表明されている。具体的には、特別活動を特徴付ける集団活動、とりわけ話し合い活動と感染症対策との両立が難しいこと、活動の企画等にあたって他の教員や管理職らから反対されたり止められたりすること、教科の授業時間の確保が優先されて特別活動の時間が削られること等が挙げられている。結果的に、COVID-19 パンデミックのなかで重視されるべき主権者教育のアイディアが、COVID-19 パンデミック下であるがゆえに、具体的な活動に繋がり難くなっているといえよう。

アイディアの実現が困難となる背景には、シティズンシップの教育の推進に対する意識が社会的に弱いことも指摘できよう。さまざまな調査で示されているように、COVID-19 パンデミックのなかで多くの児童生徒やその保護者等が不安に感じていたのは、学業や受験・進学であった（日本教育学会「9 月入学・始業制」問題検討特別委員会 2020）[6)]。そこで、学校生活全体に過剰な歪みを与えずに学業等に関わる不安を除去するための手法として、9 月入学・始業制が注目されたりもした。さらに、学校教育の「商品化」（玉木 2018）という社会的風潮が COVID-19 パンデミック以前から存在していることも、主権者教育の充実化を妨げている背景といえる。教育界への経済論理の導入により、一定期間に成果が明示されるような教育活動が重視される一方で、成果が現れるまで長い時間を要し、しかもその成果が必ずしも明確ではない主権者教育には注目が集まりにくいのである。

5）　日本特別活動学会研究推進委員会（2020）、みんなの教育技術「コロナ禍で見えてきた特別活動の可能性～予測困難な時代に生きる子どもたちに必要な力とは～」（2021 年 10 月、https://kyoiku.sho.jp/103081/）（最終アクセス：2022 年 6 月 16 日）。

6）　日本教育学会「9 月入学・始業制」問題検討特別委員会（2020）で紹介されている調査結果以外には、たとえば、日本財団による「18 歳意識調査「第 26 回――学校教育と 9 月入学」（2020 年 6 月〈https://www.nippon-foundation.or.jp/app/uploads/2020/06/new_pr_20200611_11.pdf〉）（最終アクセス：2022 年 6 月 16 日）や、公益社団法人東京都専修学校各種学校協会による「学生生活の現状に関するアンケート」（2020 年 6 月〈https://kaiin.tsk.or.jp/news/200615/〉）（最終アクセス：2022 年 6 月 16 日）が挙げられる。

こうした社会状況と、学校教育の人的・時間的リソースの不足を前提にすると、主権者教育の積極的展開への抵抗が学校教育の現場で生じるのは避け難いといえよう。しかも、今日の学校教師を取り巻くバーンアウトの問題を踏まえると（高木・北神 2007）[7]、教師の負担をさらに重たくしかねない主権者教育の充実化は躊躇されるであろう（松田・石川 2020）。

結果として、COVID-19パンデミックという未曾有の危機に直面しながらも、その危機に対応するための主権者教育の充実化という政策変容は進められず、従来の政策の路線が維持されることになる。こうした状況は、政策過程についてのモデルの1つである「政策の窓」モデル（Kingdon 1995）を用いれば、社会問題とアイディアを結び付ける社会状況ではないと表現することができる。目の前の「命と経済」といった喫緊の問題に直面するなかでは、デモクラシー、シティズンシップ、市民育成等の抽象的・長期的課題に社会的関心が向かうのは難しいであろう。とはいえ、このパンデミックを新しい学校づくりへのチャンスと捉え（日本教育学会「9月入学・始業制」問題検討特別委員会 2020）、「社会総がかりでの「国民運動」」として主権者教育を進めることが強調されるかぎり（主権者教育推進会議　前掲報告書）、パンデミックの経験を市民育成の改善に向けて活用することは極めて重要な社会的取り組みであるという認識が、社会全体で共有されることが求められよう。

参考文献

Árnason, Vilhjálmur (2012) "Scientific Citizenship in a Democratic Society," *Public Understanding of Science* 22: 927-940.

Buchholz Beth A., Jason DeHart and Gary Moorman (2020) "Digital Citizenship during a Global Pandemic: Moving beyond Digital Literacy," *Journal of Adolescent & Adult Literacy* 64: 11-17.

Durant, John (1999) "Participatory Technology Assessment and the Democratic Model of the Public Understanding of Science," *Science and Public Policy* 26: 313-319.

Espeland, Wendy Nelson and Mitchell L. Stevens (2008) "A Sociology of Quantification," *European Journal of Sociology* 49: 401-436.

Galton, Maurice and John MacBeath (2008) *Teachers under Pressure*, London: Sage.

Greitens, Sheena Chestnut (2020) "Surveillance, Security, and Liberal Democracy in the Post-

---

7）　バーンアウト（burnout）とは、「教師が、生徒に教えたり生徒のニーズに応えたりすることに熱い心を傾け続けることが難しくなる」ことと定義される（Galton and MacBeath 2008: 6）。

COVID World," *International Organization* 74 Supplement: E169-E170.

Horst, Maya (2007) "Public Expectations of Gene Therapy: Scientific Futures and Their Performative Effects on Scientific Citizenship," *Science, Technology, & Human Values* 32: 150-171.

Kingdon, John W. (1995) *Agendas, Alternatives, and Public Policies*, 2nd ed., New York: Harper Collins College Publishers.

Koplan, Jeffrey P., T. Christopher Bond, Michael H. Merson, K. Srinath Reddy, Mario Henry Rodriguez, Nelson K. Sewankambo, and Judith N. Wasserheit (2009) "Towards a Common Definition of Global Health," *Lancet* 373: 1993-1995.

Krutka, Daniel G. and Jeffrey P. Carpenter (2017) "Digital Citizenship in the Curriculum," *Educational Leadership* November 2017: 51-55.

Matsuda, Noritada (2019) "Deliberative Students, Overburdened Teachers, and Academic Policy Analysts: How Can Policy Analysis Contribute to Citizenship Education?" *Aoyama Law Forum* 8 (1): 1-28.

Matsuda, Noritada (2022) "A Deliberation-Based Approach to School Citizenship Education in Japan: Theory and Practice," *Aoyama Law Forum* 10 (2): 1-25.

Mejlgaard, Niels and Sally Stares (2010) "Participation and Competence as Joint Components in a Cross-National Analysis of Scientific Citizenship," *Public Understanding of Science* 19: 545-561.

Möllers, Christoph (2011) "Multi-Level Democracy," *An International Journal of Jurisprudence and Philosophy of Law* 24: 247-266.

Offe, Claus and Ulrich K. Preuss (1991) "Democratic Institutions and Moral Resources," in David Held (ed.), *Political Theory Today*, Stanford: Stanford University Press.

Pearse, Harry (2020) "Deliberation, Citizen Science and COVID-19," *The Political Quarterly* 91: 571-577.

Reimers, Fernando M. (2013) "Education for Improvement: Citizenship in the Global Public Sphere," *Harvard International Review* 35: 56-61.

Richardson, Henry S. (1997) "Democratic Intensions," in James Bohman and Wiiliam Rehg (eds.), *Deliberative Democracy*, Cambridge: The MIT Press.

Roth, Wolff-Michael and Stuart Lee (2002) "Scientific Literacy as Collective Praxis," *Public Understanding of Science* 11: 33-56.

Thompson, Alison K., Maxwell J. Smith, Christopher W. McDougall, Cécile Bensimon and Daniel Felipe Perez (2015) ""With Human Health It's a Global Thing" : Canadian Perspectives on Ethics in the Global Governance of an Influenza Pandemic," *Journal of Bioethical Inquiry* 12: 115-127.

Weible, Christopher M., Daniel Nohrstedt, Paul Cairney, David P. Carter, Deserai A. Crow, Anna P. Durnová, Tanya Heikkila, Karin Ingold, Allan McConnell and Diane Stone (2020) "COVID-19 and the Policy Sciences: Initial Reactions and Perspectives," *Policy Sciences* 53: 225-241.

荒木康弘（2021）「これからの新型コロナウイルスワクチンの開発・評価について」『学術の動向』26（10）：51-57。

市川秀之（2016）「熟議民主主義が道徳授業にもたらすもの――問題解決的な学習に焦点を当てて」『千葉大学教育学部研究紀要』64: 85-95。

上野裕介（2021）「COVID-19流行下で見えてきた人流・位置情報ビッグデータの有効性と都市・緑地研究の新展開」『ランドスケープ研究』85: 242-245。

宇野重規・梶谷懐（2020）「コロナ禍で問い直される「国家」と「個人」」『公研』58（7）: 36-53。

岡田勇・柳至・久保慶明（2022）「COVID-19対策において医療信頼が行動変容に及ぼす効果」『選挙

研究』37（2）: 37-56。
小田垣孝（2020）「新型コロナウイルスの蔓延に関する一考察」『物性研究・電子版』8（2）: 1-10。
隈元泰弘・長谷川重和（2017）「特別活動の課題と「道徳科」を要とする道徳教育――「一部改正学習指導要領」（平成27年3月）に基づく新提言」『神戸親和女子大学研究論叢』50: 39-59。
伍嘉誠（2021）「新型コロナウイルスとナショナリズムへの試論――香港を事例に」『21世紀東アジア社会学』11: 57-73。
国立教育政策研究所（2022）「「現代的な諸課題」を扱う教科等横断的な単元の開発と実践――理科と社会科・地理歴史科による「プラスチック問題」を題材として」〈https://www.nier.go.jp/05_kenkyu_seika/pdf_seika/r03/r03a_2-1-03_honbun.pdf〉。
菅原慎悦・小林誠道・長井裕傑（2021）「新聞メディアはCOVID-19をどう報じたか？――全国紙における「接触8割減」の内容分析」『社会安全学研究』11: 57-81。
高木亮・北神正行（2007）「教師の多忙と多忙感を規定する諸要因の考察Ⅱ――教師の多忙感としてのストレスの問題を中心に」『岡山大学教育学部研究集録』135: 137-146。
竹中治堅（2021）『コロナ危機の政治――安倍政権vs.知事』中公新書。
玉木博章（2018）「学校教育の商品化による教育実践の変化に関する考察」『名古屋経済大学教職支援室報』1: 45-53。
田村哲樹（2008）『熟議の理由――民主主義の政治理論』、勁草書房。
土屋陽介（2018）「「考え、議論する道徳」の哲学的基礎づけ――フロネーシスの教育の視点から」『開智国際大学紀要』17: 41-54。
中村征樹（2008）「科学技術と市民参加――参加の実質化とその課題」『待兼山論叢　哲学篇』42: 1-15。
西順一郎（2021）「COVID-19ワクチンの有効性と安全性」『学術の動向』26（10）: 18-25。
日本教育学会「9月入学・始業制」問題検討特別委員会（2020）「9月入学よりも、いま本当に必要な取り組みを――より質の高い教育を目指す改革へ」〈http://www.jera.jp/wp-content/uploads/2020/05/JERA20200522SpecialCommitteeTeigen.pdf〉。
日本特別活動学会研究推進委員会（2020）「新型コロナウイルス予防対策への対応を踏まえた特別活動の課題と今後に関する調査」〈https://jaseatokkatsu.jimdo.com/app/download/15848609622/%E7%AC%AC1〉。
登本洋子・高橋純（2021）「初等中等教育における情報端末の整備と活用に関する教員の意識」『日本教育工学会論文誌』45（3）: 365-373。
広石英記（2016）「特別活動と関連する道徳教育のカリキュラムデザイン――カリキュラムマネジメントの視点から」『東京電機大学総合文化研究』14: 15-22。
松田憲忠（2016）「多様性のなかの政策分析と政策過程――社会選択・論理性・活用性」、縣公一郎・藤井浩司編『ダイバーシティ時代の行政学――多様化社会における政策・制度研究』、早稲田大学出版部。
松田憲忠（2019）「公共政策と価値対立――答えは1つではない」、松田憲忠・三田妃路佳編『対立軸でみる公共政策入門』法律文化社。
松田憲忠・石川直人（2020）「特別活動とデモクラシーのインターフェイス――社会的意思決定と学級・学校の集団活動」『行政管理研究』169: 39-50。
安井一郎（2018）「新学習指導要領における道徳教育の教育方法学的検討――「いのちの教育」を踏まえた特別活動との連携の在り方を考える」『マテシス・ウニウェルサリス』19: 255-279。

終　章
命と経済のいずれを優先するのか、その二者択一は可能なのか

岩崎正洋

1. 何が問題か

新型コロナウイルス感染症（COVID-19[1]）によるパンデミックにおいて、まず人類が直面したのは、未知の感染症からいかに身を守るかという問題であった。ここでいう「身を守る」ことには、二つの意味が込められている。一つは、世界中で拡大しているウイルスに感染しないようにすることであり、生命の危険につながりかねないような感染症を予防することである。狭義に「身を守る」こととは、優先的に「命」を守ることである。

もう一つは、感染拡大によってもたらされる社会的および経済的な変化から身を守ることである。具体的には、感染防止のために求められる外出自粛や営業自粛などによって経済的なダメージが生じないようにするにはどうしたらいいのかとか、かりにダメージが生じたとしてもいかにダメージを最小限度に抑えるのかという問題である。この点は広義に「身を守る」ことを捉えており、

1）世界保健機関（WHO）が新型のコロナウイルスによる感染症を「COVID-19（coronavirus disease 19）」と名付けたと発表したのは、2020 年 2 月 11 日のことであった。命名に際しては、特定の場所や個人、集団、動物などに関連しないようにし、偏見や風評被害を避けることが意図された。また、ウイルスの公式名は「重症急性呼吸器症候群コロナウイルス 2（severe acute respiratory syndrome cornavirus 2）」とされた。

人びとが「経済」とのかかわりを無視して生きていくことはできないことを意味している。

パンデミックに直面した際に、世界中の人びとは、未曽有の感染拡大から身を守るという行為に向き合わざるを得なくなった。命を守るべきか、それとも経済を守るべきかという二者択一の問題においては、人それぞれで異なる判断基準を有していることが顕在化した。高齢者や基礎疾患を有している人の場合には、感染によって重症化したり、命の危険に身をさらさないようにしたりするために、感染予防が最重要課題であり、命を守ることが第一義的な問題となる。しかし、感染拡大による営業自粛や解雇などにより、経済的なダメージを受け、「コロナうつ」と呼ばれるような症状を引き起こしたり、自殺にまで至ったりするケースがみられたのも事実である。この点は、感染から身を守ることが命を守ることだというのは一面的に過ぎず、感染拡大から経済的な意味で身を守るという問題に対しては有効ではない。

一人ひとりの価値観や利益は異なっており、それゆえ、人それぞれが第一義的に重視する価値判断もまた異なる。人類が一斉に未知のウイルスに遭遇したときでさえ、人によって優先すべきものが異なっているという現実は、社会における問題解決の難しさを明らかにした。政治は対立するところにおいてみられる[2)]。そこでの対立が価値をめぐるものであれ、あるいは利益をめぐるものであれ、さまざまな事象において、対立を含んだときに政治がみられるようになる。

パンデミックに直面しているにもかかわらず、すべての人びとがウイルスに感染しないように「命」を守ることを最優先としたわけではなかった。ある人びとにとっては、ウイルスに感染して命を落とすのではなく、感染していないにもかかわらず、経済的な不安や困窮により自らの命を落とすことを避けるという選択肢が優先的なものとされた。COVID-19の感染拡大は、あらゆる人びとに対して、命か経済かという二者択一の問題を提起した。同時に、それは政治における選択の問題としても捉え直すことができる。換言すれば、政策課題の問題として、命を優先的に守る政策を採用するべきか、それとも経済を優

---

2)　この点については、たとえば、以下を参照（岩崎 2015）。

先的に守る政策を採用するべきかという二者択一の問題をもたらした。

2. 国家と個人

この問題は、さまざまな視点からのアプローチが可能であるが、本章では、国家と個人との関係に焦点を向けることによって考えていく。ここでいう「国家」という用語は、「政府」という用語と置き換え可能である。たとえば、本章において、日本政府という表現を使う場合には、日本という「国家」を意味しており、文脈に応じて、国家機構や国家権力をも包含している。

COVID-19の感染拡大に際しては、国ごとに異なる対応がとられた。各国政府のコロナ対応に違いがみられるとともに、人びとの反応もまた国ごとに異なっていた。当初は中国の一地域に限定的な感染症の拡大としてみられていたが、やがてアジア地域に広がり、一気に世界中に拡大した。初期の対応に違いがみられただけでなく、感染拡大後も国ごとの違いは顕著であった(2022年12月時点で、世界の多くの国々において、屋内外でのマスク着用がみられなくなったのに対し、日本では、ほとんどの人が屋内はもちろん、屋外でもマスク着用を欠かさない状況である。この点は、国ごとの違いを示している一つの事例として捉えることができる)。

COVID-19感染拡大のはじまりは、2019年12月31日に世界保健機関(WHO)に対して、中国湖北省武漢市で原因不明の肺炎患者が発生した旨の報告がなされたときであった。年明け早々にも原因不明の肺炎患者が続発し、香港や台湾でも武漢市に訪問歴のある人のうちで体調不良を訴えるものがみられた。一週間後の1月7日には、新型のコロナウイルスが病原体であることが判明し、1月9日には、武漢市で最初の死者が確認された。その時点ではまだ武漢市や中国、あるいは近隣の地域において、局地的に新型コロナウイルスが発生したという報告に留まっていた。しかし、日本でも1月15日に国内初の感染者の存在が確認された。厚生労働省は、武漢市に渡航歴のある神奈川県在住の30代の男性が現地滞在中の1月3日に発熱し、帰国後の6日に神奈川県内の医療機関を受診し、10日に入院し15日に退院したことを発表した。感染は、国立感染症研究所の検査結果によって新型コロナウイルスの陽性反応が確認されたことで判明した。

1月24日には、厚生労働省が武漢市から東京都内に来日した40代の男性の感染を確認したことを発表した。同日に外務省は、中国湖北省への「渡航中止」を発表した。これは、四段階からなる感染症危険情報のうちで二番目に危険度の高いレベルとなる。その後、1月28日には、武漢市への渡航歴のない奈良県在住の60代の男性の感染が確認された。しかし、この男性は、武漢市からの観光客を乗せたバスツアーの運転手を務めていたため、その際に、人から人へと感染した可能性が高いとされた。

日本政府は、1月26日の時点で、武漢市の在留邦人のうちの希望者全員を政府チャーター機によって帰国させることを決定した。武漢市では、1月23日にロックダウン（都市封鎖）を行っており、他の国々の対応と同様に、日本政府も在留邦人の帰国に向けた措置をとった。チャーター便は、1月29日の第1便から2月17日の第5便まで計5回にわたり派遣され、最終的に計828名の在留邦人とその家族の帰国が実現した。

1月30日には、WHOが「国際的な公衆衛生上の緊急事態（PHEIC）」を宣言した。日本政府は、検疫での水際対策の徹底をはじめ、全国の検査体制の整備や国民に対する迅速かつ的確な情報提供を中心に行ってきたが、WHOによる緊急事態宣言を受け、COVID-19を感染症法にもとづく「指定感染症」と検疫法にもとづく「検疫感染症」とする政令を2月1日に施行することとした。また1月30日には、閣議決定により、内閣官房に新型コロナウイルス感染症対策本部を設置することとした。同本部は内閣総理大臣を本部長とした。

その時点において、既に国内の感染者数は増え続けており、出入国管理及び難民認定法第5条第1項第14号の適用により、水際対策に重点が置かれた。政府は、感染防止のために人の移動を制限する措置に踏み切った。日本政府は、中国湖北省への日本人の渡航を制限するとともに、湖北省から外国人が入国することも制限した。

一見すれば、感染に対する予防措置であるが、それが意味している内容は、これまで自由になされてきた国境を越えた人の移動を統制することである。いいかえるならば、国家による個人の移動制限は、国家が個人の自由を制限することでもある。これまでは「普通」であったことが、ある日を境に「普通」で

図終-1　国家による個人の自由に対する制限と個人の行動

		個　人	
		協力的	非協力的
国　家	強制的		
	非強制的		

はなくなり、国家の判断により（すなわち、国家の権力により）それ以前であれば可能であったことが不可能になってしまう事態が生じた。COVID-19の感染拡大は、国家と個人との関係について改めて考える機会を提供した。

国家が個人の自由を制限するには、法律にもとづいて、それを遵守しなければ罰則が適用されるなどのように、強制的に制限を行う場合と、そこまで厳格な罰則が適用されるのではなく、人びとの意識に任せるなどのように、必ずしも強制的ではない（非強制的な）場合とに分けられる。他方で、個人の行動についても、国家による制限に対して、協力的にしたがう場合と、そうではない（非協力的な）場合とに分けて考えることができる。個人が協力的な場合と、非協力的というよりもむしろ反抗的な場合も想定できる。このような国家と個人との関係は、図終-1のように、2×2のマトリックスで示される。

図終-1は、縦軸に国家が個人の自由を制限することに対して強制的であるか否かを示しており、「強制的」か「非強制的」かで二つに区分している。横軸は、個人が国家の制限に対して協力的か否かを示しており、「協力的」か「非協力的」かで二つに区分している。個人が「非協力的」な場合には、どこか他人事のような気持ちや姿勢で示されるように、あまり積極的にしたがわず、消極的なケースだけでなく、国家による自由の制限に対して反抗的なケースも含まれる。

国家による個人の自由な移動を制限することになったのは、出入国管理及び難民認定法第5条第1項第14号の適用について閣議で決定されてからである[3]。政府は、「中華人民共和国で感染が拡大している新型コロナウイルス感染症に関する政府の取組について」とする内容を1月31日に閣議決定した。

それによれば、法務大臣の管轄になるが、「当分の間、本邦への上陸の申請日前14日以内に中華人民共和国湖北省における滞在歴がある外国人及び同省において発行された同国旅券を所持する外国人」については、「特段の事情がない限り、出入国管理及び難民認定法第5条第1項第14号に該当する外国人であると解するものとする」とされた。

出入国管理及び難民認定法の第5条は、「次の各号のいずれかに該当する外国人は、本邦に上陸することができない」とし、第1項では、「感染症の予防及び感染症の患者に対する医療に関する法律（平成10年法律第114号）に定める一類感染症、二類感染症、新型インフルエンザ等感染症若しくは指定感染症（同法第7条の規定に基づき、政令で定めるところにより、同法第19条又は第20条の規定を準用するものに限る。）の患者（同法第8条（同法第7条において準用する場合を含む。）の規定により一類感染症、二類感染症、新型インフルエンザ等感染症又は指定感染症の患者とみなされる者を含む。）又は新感染症の所見がある者」とし、第14号で「前各号に掲げる者を除くほか、法務大臣において日本国の利益又は公安を害する行為を行うおそれがあると認めるに足りる相当の理由がある者」としている。

このような規定をふまえ、日本では、COVID-19への水際対策がなされた。国家による個人の自由に対する制限は、何の理由もなく、脈絡のないままに行使されるわけではない。世界的なCOVID-19の感染拡大を受け、感染防止の観点から判断され、実施された措置である。しかし、その後の感染拡大は、広義に捉えれば、国家と個人との関係、より狭義にいえば、個人の自由に対する国家のかかわりについて、それが普遍的なものではなく、時と場合によって自在に変化することを明らかにした。

この点は、20世紀の終わり頃から盛んに喧伝されてきたような、「グローバル化によって、ヒト、モノ、カネ、情報が容易に国境を越えて移動する」とか「グローバル化により、国家が衰退し、国家が退場する」とかという論理に対して、再考を求めることとなった[4)]。少なくともCOVID-19の感染が拡大して

3)　新型コロナウイルス感染症対策本部（第3回）資料。〈https://www.kantei.go.jp/jp/singi/novel_coronavirus/th_siryou/sidai_r020131_2.pdf〉

いく過程において、国家が人びとに対する強制力を示すことが可能であることや、人びとが一瞬にして行動規制を受けたり、それが個人の自由にも影響を及ぼす場合があったりすることが表面化した。

グローバル化を経験しても国境はそのまま存在しており、国境は国家の手で容易に閉鎖される可能性があることも明らかになった。結果的にみれば、国家は、グローバル化によって衰退したわけではないし、退場することもなかった。国家の強制力が示される機会は徐々に増加した。2月になると、ダイヤモンド・プリンセス号の到着により、国家による個人の自由に対する制限を行う別の機会が発生した。

2月3日には、大型クルーズ船のダイヤモンド・プリンセス号が横浜港大黒ふ頭に到着した。日本政府は、1月下旬に香港で下船した乗客の中に感染者が含まれていたことを受け、横浜港到着後に検疫法にもとづく臨船検疫を行った。その結果、ダイヤモンド・プリンセス号内には10名の感染者が乗船していることが判明したため、2月5日の時点で、乗客と乗務員の全員を船内の自室待機とし、14日間にわたり港に停泊したまま隔離措置を行うこととした。その後、感染者の数は増え続け、2月14日に一部の乗客が下船したとはいえ、2月19日の本格的な下船開始までは隔離状態が続けられた。2月21日に乗船客の下船が終了し、米国、カナダ、韓国、オーストラリアなどの乗船客は、各国政府のチャーター機によって帰国した。乗務員の下船はそれよりも遅く、全員の下船が終了したのは3月になってからであった。

ダイヤモンド・プリンセス号の停泊中は、船内の状況はもちろん、乗船者の感染状況などが連日さまざまなメディアによって報道された。当時は、COVID-19に感染したか否かを判別するのに必要な健康観察期間が14日間とされ、乗客と乗務員に対しても14日間の隔離措置が必要とされた。日本人の乗客が海外から戻って来て、母国の横浜港に到着しても下船できず、感染が少なからず広がっている船内に約半月ほど足留めを食うことになった。感染した

---

4) この点について、詳しくは以下を参照（岩崎 2021; 岩崎 2022）。そこでは、2010年代以降の世界では、国家の強化ともいえる現象が世界各地でみられるようになっており、それを「ポスト・グローバル化」という時期区分ないし新しい政治現象として捉えている。

と思われる症状が全くみられなかったとしても、船内に留まり続けなければならなかった。

この点はまさに、国家が個人の移動する自由を強制的に制限した事例であり、海外からの帰国者（あるいは訪問者）に対して入国を認めない措置として捉えることができる。既に中国湖北省からの外国人については、入国を認めないことが決定されていたとはいえ、国家が個人の自由を制限する場面は増えていった。入国にかかわる措置は、強制力の程度が高かった。それに対して、2月後半以降に政府が出した行動制限や4月以降の緊急事態宣言などは基本的に、罰則をともなうことなく、人びとに対して「自粛」を呼びかけるものであった。自粛とはいいながら、事実上は強制的な色彩を否定できない場合があったとしても、「自粛のお願い」を呼びかけるという点は存続した。

3. 国家の要請と個人の自粛

2020年2月下旬には、世界各国と同様に、日本国内でも感染拡大が進んでいた。一人ひとりがマスクを着用したり、手洗いやうがいなどを行ったりすることは、個人レベルの感染予防としては有効であるとしても、人びとの行動が以前と変わらなければ感染拡大の危険は避けられない。各地でクラスターが発生するようになれば、人流を変えない限り、感染を予防することはできない。2月25日に、政府の新型コロナウイルス感染症対策本部は、「新型コロナウイルス感染症対策の基本方針」を決定した[5)]。

そこでは、「患者・感染者との接触機会を減らす観点から、企業に対して発熱等の風邪症状が見られる職員等への休暇取得の勧奨、テレワークや時差出勤の推進等を強力に呼びかける」ことや、「イベント等の開催について、現時点で全国一律の自粛要請を行うものではないが、専門家会議からの見解も踏まえ、地域や企業に対して、イベント等を主催する際には、感染拡大防止の観点から、

---

5)　新型コロナウイルス感染症対策本部による「新型コロナウイルス感染症対策の基本方針」（2020年2月25日）を参照。〈https://www.kantei.go.jp/jp/singi/novel_coronavirus/th_siryou/kihonhousin.pdf〉

感染の広がり、会場の状況等を踏まえ、開催の必要性を改めて検討するよう要請する」ことが示された。基本方針では、人びとの日常生活における行動の規制にかかわることに言及した。その時点では、個人の行動を明確に規制する論点が細かく示された内容ではなかったが、その後にとられる予防措置につながる方向性は示されていた。

翌2月26日に安倍晋三首相は、「この1〜2週間が感染拡大防止に重要」であり、その先の2週間について、全国的なスポーツのイベントや文化イベントなどの中止や延期を要請する旨を述べた[6)]。菅義偉官房長官は、「全国から参加者を募る、国もしくは全国規模の団体が開催する大規模なイベント」を対象とすることを明らかにし、萩生田光一文部科学大臣は、3月15日までの自粛を見込んでいると述べた。それに続いて、2月27日には、全国の小中学校、高等学校、特別支援学校などを3月2日から春休みまで臨時休校とするように要請することを政府は決定した[7)]。決定は、文部科学省が全国の教育委員会などに2月28日に通知するとされた。決定そのものは、法的拘束力のないものであり、臨時休校を受け入れるか否かについては、それぞれに判断がゆだねられた。

国家は、要請というかたちをとることにより、非強制的であるとしても、人びとの行動を制限するような対策を行うことを決めた。国家からの要請をふまえ、さまざまな場面において、人びと（学校や企業など、各種の団体をはじめ、個人も含む）は、それまでの行動を変えるようになった。スポーツや文化的なイベント開催の中止や延期はもちろん、学校の一斉休校も、政府の要請を受け、感染拡大を防止するためになされた。

日本においては、国家が非強制的なかたちで「要請」し、個人は協力的に「自粛」するという構図がみられた。図1にしたがえば、国家は非強制的であり、個人は協力的であるという組み合わせになる。もちろん、要請には法的拘束力がなく、非強制的なものであるため、必ずしも協力的な個人ばかりであるとはいえない。当時はまだワクチンもなく、不要不急の外出を控えたり、「三

6）読売新聞東京本社調査研究本部（2021）、84頁。

7）同書、117-118頁。

密」を避けたりすることと、マスクを着用し手指消毒を行うことぐらいしか感染予防の方法はなかった。感染は増加の一途をたどり、医療体制のひっ迫が叫ばれるようになった。

世界的に感染が拡大している最中の3月上旬には、ジョンソン（Boris Johnson）英首相がCOVID-19に感染し、一時的に危険な容態になったとの報道がなされた。日本国内でも3月29日には、コメディアンの志村けんがCOVID-19感染により死去したことが大きな衝撃をもたらした。政治家にせよ芸能人にせよ、著名な人物が感染したというニュースは、多かれ少なかれ衝撃的であるが、テレビの人気者であった志村の死は、いつ、どこで、誰が感染してもおかしくない状況であることや、感染が死に至る可能性をもつことなどを多くの人びとに印象づけたように思われる。

政府は、4月7日に「緊急事態宣言」を発出した。この背景には、3月10日の閣議において、「新型インフルエンザ等対策特別措置法」の対象に新型コロナウイルス感染症を加えることが決定され、3月13日に改正された特措法が公布されたことがある。緊急事態宣言は、特措法第32条第1項にもとづくものであり、4月7日に7都府県を対象として発出され[8)]、4月16日には日本全国が対象とされた。緊急事態宣言を受けて、各都道府県が行った措置は基本的に「要請」ばかりであった[9)]。その意味では、国家による個人の行動の制限は、非強制的なものであり、個人がそれをどのように捉えても（協力的であろうと非協力的であろうと）罰則が適用されることはなかった。

措置の内容をみると、たとえば、埼玉県と大阪府に対しては、「都道府県警察及び都道府県の教育委員会に対する措置の求め」として、「都道府県立学校の休業等を求めたもの」や「都道府県警察に対し、詐欺事件等に対する広報啓発活動の強化等を求めたもの等」がある。「外出の自粛の協力要請」は、25県に対してなされた[10)]。「施設の使用制限等の協力要請」は45都道府県に対して

8）対象となった7都府県は、埼玉県、千葉県、東京都、神奈川県、大阪府、兵庫県、福岡県であった。

9）内閣官房のウェブサイト「新型コロナウイルス感染症緊急事態宣言の概要」に掲載されている「新型コロナウイルス感染症緊急事態宣言の実施状況に関する報告」を参照。〈https://corona.go.jp/news/pdf/kinkyujitaisengen_houkoku0604.pdf〉

なされ、「マスク着用、咳エチケット、手洗い、うがい等の基本的な感染対策の実践等」の要請と「外出の自粛の協力要請」については、すべての都道府県に対してなされた。さらに、「病院等の医療施設が不足し、臨時の医療施設を開設したもの」は、北海道、神奈川県、石川県、福井県、愛知県、長崎県、沖縄県の7道県であった。

第一回目の緊急事態宣言では、いずれも協力を要請したものであった。5月14日には、39県で緊急事態宣言が解除され、5月21日に関西3府県（大阪府、兵庫県、京都府）の解除、5月25日に残りの5都道県（北海道、東京都、神奈川県、千葉県、埼玉県）も解除された。解除にあたっては、直近の一週間で新規感染者数が10万人あたり0.5人以下程度という基準が重視された。約1か月半の間に全国の感染者数はかなり減少した。

結果的に、感染拡大を防ぐという意味では、緊急事態宣言の発出には一定の効果がみられた。感染拡大が続けば医療がひっ迫し、医療崩壊を招く恐れがあったが、それを回避することができた。この点からいえるのは、国家は、個人の行動制限により、優先的に一人ひとりの「命」を守ろうとしたことである。しかし、他方においては、それが「経済」を守る措置ではなかったため、今度は「経済」という別の問題に直面した。ただし、経済を守るための措置を見出せば事足りるというわけではなく、命を守ることと経済を守ることの二つを両立させることが国家にとって次の課題となった。

4. 二者択一か、両立か

人びとの命を守るという点に関して、政府は、感染発生時には検査体制の整備に取り組み、次いで医療体制の整備に取り組んだ。経済を守るという点についても、早い段階から経済対策が課題として挙げられ、具体的な支出金額も定められた。まず2月13日に、新型コロナウイルス感染症対策本部は、「新型コ

10）この点は、青森県、岩手県、宮城県、山形県、福島県、栃木県、富山県、福井県、山梨県、静岡県、三重県、滋賀県、奈良県、和歌山県、鳥取県、島根県、岡山県、徳島県、香川県、愛媛県、高知県、佐賀県、熊本県、大分県、鹿児島県の計25県が対象となった。

ロナウイルス感染症に関する緊急対応策[11]」において、「新型コロナウイルス感染症の国際的な広がりの影響を受けている中小企業、小規模事業者」に対して、日本政策金融公庫などからの貸付や、信用保証協会によるセーフティネット保証による資金繰り支援を行うことを決定した。

緊急対応策は、中小企業や小売事業者を対象としていたが、とりわけ、「一時的な業況悪化等の支障をきたしている旅館業等営業者等に対して、経営を安定させるために必要な資金繰り支援を行う」ために、「日本政策金融公庫等に新型コロナウイルス感染症対策のための緊急貸付・保証枠として5,000億円を確保する」ことや、「宿泊事業者等を念頭に、地方運輸局等にも特別相談窓口を設置し、事業者の状況や要望を聞き取り、活用可能な支援策の紹介や関係部局と連携した支援を実施する」ことが決められらた。

当該年度の予算執行と予備費からの103億円により、総額153億円が緊急対応策に費やされた。その内訳は、①帰国者等への支援（30億円)、②国内感染対策の強化（65億円)、③水際対策の強化（34億円)、④影響を受ける産業等への緊急対応（6億円)、⑤国際連携の強化等（18億円）であった。そのうちの四番目の「影響を受ける産業等への緊急対応」は、コールセンターの設置に4.9億円、雇用調整助成金に1億円ずつ割り当てられていた。それとは別に、日本政策金融公庫等に対する緊急貸付・保証枠として5000億円が確保されていた。

それに続いて3月10日には、緊急対応策の第2弾が決定された[12]。緊急対応策第2弾は、153億円が支出された緊急対応策第1弾に続き、当該年度予算の着実な執行と予備費2715億円（一般会計2295億円、特別会計420億円）を活用することにより、4308億円の財政措置が講じられることとされた。4308億円の内訳は、①感染拡大防止策と医療提供体制の整備（486億円)、②学校の臨時休業に伴って生じる課題への対応（2463億円)、③事業活動の縮小や雇用への対応（1192億円)、④事態の変化に即応した緊急措置等（168億円）であった。また、金融措置としても1.6兆円規模の支出が決まった。その内訳は、セーフ

11）新型コロナウイルス感染症対策本部のウェブサイトを参照。〈https://www.kantei.go.jp/jp/singi/novel_coronavirus/th_siryou/sidai_r020213.pdf〉

12）新型コロナウイルス感染症対策本部のウェブサイトを参照。〈https://www.kantei.go.jp/jp/singi/novel_coronavirus/th_siryou/sidai_r020310.pdf〉

ティネット貸付・保証（6060 億円）、新型コロナウイルス感染症特別貸付（5430 億円）、日本政策投資銀行等による大企業・中堅企業等の資金繰り対策等の金融支援（2040 億円）、国際協力銀行によるサプライチェーン確保等への金融支援（2500 億円）などからなる。

緊急対応策第 2 弾では、医療関係として、保育所や介護施設などでの感染防止策、政府による医療機関向けマスクの一括購入、PCR 検査体制や医療提供体制の整備、治療薬などの開発加速のための費用が盛り込まれた。それとともに、経済対策としては、まず、3 月 2 日からの学校の一斉休校にともなう措置がとられ、保護者の休暇取得の支援や放課後児童クラブ等の体制強化、学校給食休止への対応、テレワークなどの推進に向けた予算措置がなされた。

具体的には、フリーランスへの休業補償が 1 人あたり日額で一律 4100 円とされ、子どもの世話のために休業した社員の賃金補償は、正規か非正規かを問わず 1 人あたり日額で 8330 円が上限とされた[13)]。学校給食については、給食費を保護者に返還するように自治体に要請がなされた。また、事業活動の縮小や雇用への対応として、雇用調整助成金の特例措置の拡大や強力な資金繰り対策、観光業への対応などが盛り込まれた。

4 月に入り新年度になると、政府は、4 月 7 日に緊急経済対策と 2020 年度補正予算を固めた[14)]。その時点では、低所得や収入の大幅減少などの条件付きで 1 世帯あたり 30 万円の現金給付や、売り上げが大幅に減少した中小企業などへの最大 200 万円の給付金について検討されていた。4 月 16 日には、連立与党である公明党からの強い要求を受け、政府・与党は、緊急経済対策に関して、国民 1 人あたり 10 万円を給付するために 2020 年度補正予算案の組み替えを行う方向で調整に入った。安倍首相と山口那津男公明党代表が電話で協議した結果、減収世帯への 30 万円の現金給付を取り下げ、一律 10 万円の給付という方向となった。それを受け、総務省は 4 月 20 日に、国籍を問わず、4 月 27 日に住民基本台帳に記載されているすべての人びとを対象に「特別定額給付金」として、一律 10 万円の現金給付を行うことを発表した。

13） 読売新聞東京本社調査研究本部（2021）、408-409 頁。

14） 同書、409 頁。

4 月 30 日に成立した第一次補正予算は、歳出が 25 兆 6914 億円、赤字国債の発行で 23 兆 3624 億円の計 48.4 兆円の財政支出となった。事業規模は 117.1 兆円とされた。6 月 12 日には、第二次補正予算が成立し、事業規模 117.1 兆円、財政支出 72.7 兆円となった。2021 年 1 月 28 日は、事業規模 73.6 兆円、財政支出 40 兆円の第三次補正予算も成立した[15)]。政府が経済を守るために行ったのは、緊急経済対策とともに、三次にわたる補正予算の成立を通した措置であった。とりわけ、「定額給付金」と「持続化給付金」は、個人および企業・事業主に対する主たる経済的な支援策であった。

2020 年 5 月頃からすべての人びとに対して現金が給付された「特別定額給付金」は、オンライン申請をめぐって全国的に混乱が生じた。オンライン申請のためにマイナンバーカードを取得しようと、自治体の窓口に住民が殺到した。その結果、期せずして役所での「密」状態が生じた。自治体職員にとっては、申請内容の確認作業などの事務負担が増加したことにより、迅速な対応が困難となった。

「持続化給付金」は、減収した中小企業に対して最大 200 万円、個人事業主に対して最大 100 万円の支給を行う事業であった。一般社団法人「サービスデザイン推進協議会」に対して、政府は 769 億円で業務委託したが、同協議会は電通に 20 億円安い 749 億円で業務を再委託した。これに対して、協議会が差額の 20 億円を中抜きしているのではないかという批判が野党からなされた。経済産業省は、20 億円の内訳を明らかにし、公認会計士などの外部専門家による検査を行い、内部ルールに適合しており、不当なものではないことを中間検査の結果として報告した[16)]。

また、持続化給付金については、不正に受給しようとするケースも発生した。経済産業省のウェブサイトでは、「持続化給付金の不正受給者の認定及び公表について」として、不正に受給した者のうちで、中小企業庁からの督促を受けるまでの間に不正受給金額に加えて、「20% の加算金及び年率 3% の延滞金の全額を納付しなかった」者の名前と所在地を公表している[17)]。

15)　同書、410-411 頁。
16)　同書、412-413 頁。

政府による経済を守るための対応は、COVID-19 感染拡大の初期段階においてはまず、特別定額給付金と持続化給付金の二つが主な対策であった。もちろん、対策の中身や実施過程において、さまざまな問題がみられたとはいえ、これらは、国家が個人の身を守るために採用した「経済」にかかわる政策であった。国家が個人の身を守るために採用した「命」にかかわる政策は、感染（拡大）防止のために、個人の移動の自由を制限するとはいえ、緊急事態宣言などの行動規制であった。

安倍首相の名前になぞらえて「アベノマスク」と呼ばれた各世帯に対する布製マスクの配布も、マスク着用による感染防止策であり、多くの人びとの命を守ろうとする対策の一つであった。しかし、今さらながら、その効果測定を行うことは容易ではない。アベノマスクの配布は、人びとの記憶に残ることであるかもしれないが、それを国家によって人びとの命を守るための代表的な政策として取り扱うことは必ずしも適切ではない。

COVID-19 パンデミックを通して明らかになったのは、国家が個人の行動を規制し、個人の自由さえも制限できるという事実である。それが強制的なものであれ、非強制的なものであれ、国家がどのように個人との関係にあるのかを理解するには、国家による対応、いいかえると、国家による政策やルールに個人がどのように対応するかに注目する必要がある。国家から個人へと視点を移すと、国家による規制が強制的である場合か、それとも非強制的である場合かにより、どのように個人が行動するのかという点は、個人が国家に対してどのような関係であるのかを示している。

個人が国家を信頼しているのか否か、個人が国家を信頼しているがゆえに、国家による非強制的な政策やルールに協力的に行動する可能性がある。また、個人が国家を信頼していないにもかかわらず、国家の強制的な対応にしたがう場合は、不服従によってもたらされる何かを恐れてのことかもしれない。国家が個人に対して、感染防止のための行動変容を非強制的に求めた場合において、個人が協力的であるとしたら、感染拡大は防止しやすいかもしれない。しかし、

17） 経済産業省ウェブサイト「持続化給付金の不正受給者の認定及び公表について」を参照。〈https://www.meti.go.jp/covid-19/jizokuka_fusei_nintei.html〉

それでも感染拡大が防止されなかったとしたら、原因は別のところにあると考えなければならない。

国家は、命か経済かという二者択一ではなく、いかに両立するのかという点から総合的な対策を決定し、実施しようとする。しかし、個人レベルに注目すれば、一人ひとりにとっていずれを優先すべきかという選択は異なる。緊急事態宣言の発出期間中は、感染予防のために外出を控えて自宅で過ごし、仕事や学校などがテレワークやオンライン授業などで済むならば、命を守ることが優先できる。しかし、感染拡大の最中でも通勤しなければならなかったり、外に出て人との接触を欠かすことができなかったりする仕事の場合には、感染による命の危険があろうとも経済を優先しなければならない。

また、営業自粛や時短営業などによって減収が見込まれるような業種では、感染拡大がそのまま営業成績に影響し、減収にもつながる。命のために店を閉めるよりも、開店して少しでも収益を上げようとする可能性もある。さらに、旅行業界などについては、感染拡大により人びとの外出はもちろん、旅行や宿泊などの減少ないし停止により減収どころか収益がなくなり、大幅な赤字が生じる可能性もある。それが倒産や失業につながり、感染予防によって命を守るよりも、経済を守らなければ身を守ることにならないという選択肢が優先される可能性も生じる。

命か経済かという選択は、二者択一の問題として捉える限り、それが解決されることはない。しかし、いかに両立させるのかという視点から問題を捉え直すことにより、何らかの方向性がみえてくるように思われる。その際には、国家がゼロ・コロナ（zero corona）を目標とするのか、それともウイズ・コロナ（with corona）を目標とするのかという視点を設けることにより、いかに命と経済との両立を実現するかという選択肢を考えることができる。国家と個人との関係もまた、国家がゼロ・コロナを掲げる場合の個人の行動と、国家がウイズ・コロナという場合の個人の行動との違いもみえてくる。これだという正解がみつかっていないのが現実であるとしても、何らかの回答を探し出さなければならない。そのためには、世界各国の経験から導き出された情報を収集するとともに、日本の経験と照らし合わせることによってみえてくる知見を蓄積していくことが欠かせない。

参考文献

アタリ、ジャック／林昌宏・坪子理美訳（2020）『命の経済』プレジデント社。

一般財団法人アジア・パシフィック・イニシアティブ（2020）『新型コロナ対応民間臨時調査会――調査・検証報告書』ディスカヴァー・トゥエンティワン。

伊豆山真理（2021）「インド――コロナの苦境を機会に変えることができるか」川島真・池内恵編『新興国から見るアフターコロナの時代――米中対立の間に広がる世界』東京大学出版会、65-80 頁。

岩坂将充（2020）「トルコにおける COVID-19 の流行と政治への影響」『中東研究』第 540 号、27-42 頁。

岩崎正洋（2015）『比較政治学入門』勁草書房。

岩崎正洋（2020）「COVID-19 と公共政策学」『公共政策研究』第 20 号、87-97 頁。

岩崎正洋編（2021）『ポスト・グローバル化と国家の変容』ナカニシヤ出版。

岩崎正洋編（2022）『ポスト・グローバル化と政治のゆくえ』ナカニシヤ出版。

植田隆子編（2021）『新型コロナ危機と欧州――EU・加盟 10 カ国と英国の対応』文眞堂。

大野和基編（2020）『コロナ後の世界』文春新書。

加藤哲郎（2020）『パンデミックの政治学――「日本モデル」の失敗』花伝社。

金井利之（2021）『コロナ対策禍の国と自治体――災害行政の迷走と閉塞』ちくま新書。

クラステフ、イワン／山田文訳（2020）『コロナ・ショックは世界をどう変えるか――政治・経済・社会を襲う危機』中央公論新社。

ザカリア、ファリード／上原裕美子訳（2021）『パンデミック後の世界――10 の教訓』日本経済新聞社。

清水謙（2020）「スウェーデンの対コロナ独自戦略」『外交』第 62 巻、70-73 頁。

曽根泰教（2021）「グルーバル・ガバナンス・ギャップ：危機の意思決定」『公共選択』第 75 号、32-52 頁。

竹中治堅（2020）『コロナ危機の政治――安倍政権 vs. 知事』中公新書。

武見敬三（2020）「感染症有事への体制整備を急げ」『外交』第 61 巻、20-25 頁。

筑摩書房編集部（2020）『コロナ後の世界――いま、この地点から考える』筑摩書房。

西村康稔（2022）『コロナとの死闘』幻冬舎。

日本経済新聞社政治担当論説委員編（2021）『コロナ戦記――政治の中間決算』日本経済新聞出版本部。

ハラリ、ユヴァル・ノア／柴田裕之訳『緊急提言パンデミック――寄稿とインタビュー』河出書房新社。

広瀬巌（2021）『パンデミックの倫理学――緊急時対応の倫理原則と新型コロナウイルス感染症』勁草書房。

牧野久美子（2021）「南アフリカの対応とその限界――HIV／エイズや貧困問題への取り組みの経験は活かせたか？」佐藤仁志編『コロナ禍の途上国と世界の変容――軋む国際秩序、分断、格差、貧困を考える』日本経済新聞出版本部、215-231 頁。

舛方周一郎（2021）「ブラジル・ボアソナーロ政権はなぜパンデミックを防げなかったのか？」川島真・池内恵編『新興国から見るアフターコロナの時代――米中対立の間に広がる世界』東京大学出版会、91-102 頁。

水島治郎（2022）「ヨーロッパ諸国のコロナ禍への対応と社会的公正」石戸光・水島治郎・張暁芳編『アフターコロナの公正社会――学際的探究の最前線』明石書店、27-47 頁。

村上陽一郎（1983）『ペスト大流行――ヨーロッパ中世の崩壊』岩波新書。

村上陽一郎編（2020）『コロナ後の世界を生きる――私たちの提言』岩波新書。

八十田博人（2021）「イタリア：状況認識後の対応に注目」植田隆子編『新型コロナ危機と欧州――

EU・加盟 10 カ国と英国の対応』文眞堂、89-111 頁。
読売新聞東京本社調査研究本部編（2021）『報道記録　新型コロナウイルス感染症』読売新聞社。

人名索引

事項索引

サ　行

ワ　行

執筆者紹介

岩崎正洋（いわさき まさひろ）編者、終章

日本大学法学部教授。東海大学大学院政治学研究科博士課程後期修了。博士（政治学）。著書に『比較政治学入門』（勁草書房、2015）、『日本政治とカウンター・デモクラシー』（共編著、勁草書房、2017）、『議会制民主主義の揺らぎ』（編著、勁草書房、2021）、『ポスト・グローバル化と政治のゆくえ』（編著、ナカニシヤ出版、2022）ほか。

西岡　晋（にしおか すすむ）第１章

東北大学大学院法学研究科教授。早稲田大学大学院政治学研究科博士後期課程単位取得退学。著書に『日本型福祉国家再編の言説政治と官僚制』（ナカニシヤ出版、2021）、『ポスト・グローバル化と国家の変容』（分担執筆、ナカニシヤ出版、2021）、『行政学』（共編著、文眞堂、2021 年）、『大統領制化の比較政治学』（分担執筆、ミネルヴァ書房、2019 年）ほか。

ショーン・ヴィンセント（Sean P. Vincent）第２章

明治学院大学講師。英国サセックス大学大学院修了。Ph. D.（Political Science）。論文に“#Personal vs #Party: A Comparative Study of Candidates' New Media Campaigning in Japan and the United Kingdom” *Open Political Science*（2020: 1）, “Political Party Developments in East Asia: The LDP and GNP/Saenuri as Catch All Parties” *East Asia Quartely*（2017）.

福森憲一郎（ふくもり けんいちろう）第２章（翻訳）

日本大学法学部特別助教。論文に「政治システム論とカウンター・デモクラシー論の接合可能性」（『法学紀要』、63、2022）、「オバマ政権における ICT インフラ政策の形成過程」（『日本法学』、87（4）、2022）ほか。

舛方周一郎（ますかた しゅういちろう）第３章

東京外国語大学世界言語社会教育センター講師。上智大学大学院グローバル・スタディーズ研究科国際関係論専攻博士後期課程修了。博士（国際関係論）。著書に『つながりと選択の環境政治学』（晃洋書房、2022）、*Brazil-Japan Cooperation: From Complementarity to Shared Value*（co-author, Springer, 2022）ほか。

岩坂将充（いわさか まさみち）第４章

北海学園大学法学部教授。上智大学大学院外国語学研究科博士後期課程単位取得満期退学。博士（地域研究）。著書に『教養としてのヨーロッパ政治』（分担執筆、ミネルヴァ書房、2019）、『トルコ』（分担執筆、ミネルヴァ書房、2019）ほか。

小松志朗（こまつ しろう）第5章
山梨大学生命環境学部准教授。早稲田大学大学院政治学研究科博士後期課程単位取得退学。博士（政治学）。著書に『ポスト西洋世界はどこに向かうのか』（翻訳、勁草書房、2016）、『人道的介入』（早稲田大学出版部、2014）ほか。

羽田　翔（はねだ しょう）第6章
日本大学法学部准教授。日本大学大学院総合社会情報研究科博士後期。博士（総合社会文化）。著書に『現代開発経済入門』（共著、文眞堂、2020）、『アジア太平洋地域のメガ市場統合』（分担執筆、中央大学出版部、2017）ほか。

野田　遊（のだ ゆう）第7章
同志社大学政策学部教授。同志社大学大学院総合政策科学研究科博士後期課程修了。博士（政策科学）。著書に『ポスト・グローバル化と政治のゆくえ』（分担執筆、ナカニシヤ出版、2022）、『自治のどこに問題があるのか』（日本経済評論社、2021）ほか。

立福家徳（たてふく いえのり）第8章
日本大学法学部准教授。大阪大学大学院国際公共政策研究科博士後期課程修了。博士（国際公共政策）。著書に『ソーシャル・キャピタルと市民社会・政治』（分担執筆、ミネルヴァ書房、2019）、『経済学入門［第2版］』（分担執筆、弘文堂、2019）ほか。

鈴木貴大（すずき たかひろ）第9章
日本大学法学部准教授。明治大学大学院商学研究科博士後期課程修了。博士（商学）。著書に『経営倫理の理論と実践』（文眞堂、2021）、『合理性から読み解く経営学』（分担執筆、文眞堂、2021）ほか。

松田憲忠（まつだ　のりただ）第10章
青山学院大学法学部教授。早稲田大学大学院政治学研究科博士後期課程単位取得退学。博士（政治学）。著書に『対立軸でみる公共政策入門』（共編、法律文化社、2019）、『よくわかる政治過程論』（共編、ミネルヴァ書房、2018）ほか。

命か経済か

COVID-19 と政府の役割

2023 年 2 月 20 日　第 1 版第 1 刷発行

企画　日本大学法学部政経研究所

編著者　岩《いわ》　崎《さき》　正《まさ》　洋《ひろ》

発行者　井　村　寿　人

発行所　株式会社　勁《けい》　草《そう》　書　房

112-0005　東京都文京区水道 2-1-1　振替　00150-2-175253

（編集）電話　03-3815-5277／FAX　03-3814-6968

（営業）電話　03-3814-6861／FAX　03-3814-6854

大日本法令印刷・牧製本

ISBN978-4-326-30322-9　　Printed in Japan